NOTRE-DAME DE BROU

PARIS. — IMPRIMERIE INTERNATIONALE DE G. TOWNE
9, rue des Fossés-Montmartre.

LÉON MALO

NOTRE-DAME DE BROU

PARIS

DENTU, LIBRAIRE-ÉDITEUR

PALAIS-ROYAL, 17 ET 19, GALERIE D'ORLÉANS

1865

NOTRE-DAME DE BROU

I

NOTRE-DAME DE BROU

A l'extrémité de la ville de Bourg en Bresse, quand on suit la route qui mène en Savoie, on rencontre, sur la gauche, une église isolée et silencieuse : c'est Notre-Dame de Brou.

Notre-Dame de Brou! c'est-à-dire le chant du cygne de l'art ogival, la suprême protestation de l'architecture religieuse contre la résurrection de l'architecture païenne, le dernier poëme de pierre.

Pour celui qui écrit ceci, comme pour tous ceux qui aiment à chercher dans les vieilles murailles la trace et les enseignements du passé, visiter l'église de Brou était un devoir à remplir tôt ou tard; comme tout le monde, il savait qu'il existait quelque part, au fond de la Bresse, un incomparable monument, tombeau des princes de Savoie, dont l'histoire frisait la légende; il avait été bercé du récit des merveilles qu'on y voyait, et il lui en était resté quelque chose de pareil au vague souvenir d'un de ces songes à demi effacés par l'éloignement, mais pleins de dorures et d'éblouissements que souvent l'enfant lègue à l'homme. Plus d'une fois il avait résolu de fixer ces images indécises dans son esprit et de s'assurer par ses yeux s'il pouvait exister une réalité qui valût son rêve, mais un voyage en Bresse était, il n'y a pas encore longtemps, une entreprise digne de méditation ; on n'y pénétrait qu'au moyen de ces odieuses diligences de quatrième ordre, où l'on n'entrait qu'avec terreur et d'où l'on ne sortait que meurtri et défiguré ; et puis la Bresse ne jouissait pas en deçà de la Saône d'une considération sans mélange; rien n'était moins rassurant que sa réputation : un pays d'étangs et de tourbières, où la pâle fièvre gardait la porte ; un sol homicide dont l'assainissement avait enfanté trente brochures et préoccupé les Chambres ; il y avait de quoi réfléchir. Pour nombre de gens, le département de l'Ain était un membre infecté de contagion et bon à mettre en quarantaine perpétuelle ; de bruyants projets de desséchement, de sinistres tables de mortalité maintenaient sur ses frontières un cordon sanitaire que tout homme bien portant devait hésiter à franchir. Notre-Dame de Brou, au milieu de ces précipices, semblait un autre jardin des Hespérides, auquel la peste servait de dragon.

Un chemin de fer audacieux s'avisa de traverser de part en part cette effroyable contrée ; et maintenant, le voyageur emporté par la vapeur vers Interlacken ou Chamounix peut apercevoir à l'horizon un pignon dentelé découpant sur le bleu sombre des montagnes sa silhouette, qui ne fait que paraître et s'effacer. Le voyageur interroge son *guide;* le *guide*, s'il en sait quelque chose, répond que ce bâtiment est cette même église de Brou que personne n'a vue et que tout le monde connaît, décrite par Victor Hugo, chantée par Quinet, burinée par Michelet sur le marbre splendide qu'il a dédié à la Renaissance. Ordinairement le voyageur se juge édifié et passe son chemin.

L'auteur de ce récit fut plus hardi ou plus curieux; il s'arrêta. Bravant les dangers dont la renommée se plaisait à peupler cette province infortunée, il marcha sans regarder derrière lui à la conquête de ce séduisant et périlleux inconnu. Nous renonçons à peindre la surprise qu'il éprouva en parcourant le pays qu'on lui avait fait si noir, en rencontrant la santé, l'abondance et la paix où il croyait trouver la désolation et la maladie. Jamais il n'avait aperçu de plus riches plaines, de prairies plus vertes, de blé plus haut, d'habitants plus robustes, de paysannes plus fraîches et plus coquettement habillées. Et comme si la nature eût mis son amour-propre à répandre tous ses trésors sur ces parages calomniés, nulle part il n'avait vu tant de pittoresque mêlé à tant d'agriculture : à côté des vallées larges et opulentes de la Bresse s'étend le grandiose paysage du Bugey; les admirations de l'artiste y coudoient celles de l'agronome ; ici sont les savantes cultures, les irrigations ingénieuses, les fermes-modèles, tout ce que la science moderne enseigne pour exploiter la terre ; là, les rochers gigantesques teintés par le soleil, les cascades fumeuses, les bois de sapin vert, les vieilles tours féodales chastement vêtues de lierre, les sentiers en zigzag accrochés au flanc des montagnes, les gorges profondes et bleues, la Suisse enfin, sans les Anglais.

Mais ce qui efface toutes ces magnificences, c'est Notre-Dame de Brou.

Certaines impressions, laissées dans la mémoire par le spectacle des grandes choses ou des belles œuvres, y prennent une place à part d'où elles ne sortent plus; elles y restent pour remplacer la réalité disparue par une image fictive et constante. Ce sont les richesses de l'âme; elles viennent l'éclairer pendant les heures sombres, elles la relèvent dans les jours de lassitude; mais elles ne se prodiguent pas; l'artiste, c'est-à-dire l'homme accessible au sentiment du beau, seul sait recueillir et conserver ces impressions-là. L'auteur de ce travail n'est artiste que d'aspiration, il n'en ressentit pas moins ce choc indélébile en présence de Notre-Dame de Brou; lorsqu'il pénétra dans l'église, une émotion s'empara de lui qu'il essayerait vainement d'analyser; elle est restée en lui, mélange d'étonnement, d'admiration et d'attendrissement; il venait d'apercevoir dans sa dernière et sa plus ineffable incarnation l'architecture sublime créée par le moyen âge et ensevelie sous la Renaissance; ce qu'il avait sous les yeux appartenait à ce moment solennel où, par un suprême effort d'agonisant, le grand art s'était soulevé sur son lit de mort pour jeter tout ce qui lui restait de force et de génie dans une œuvre qui dépassât toutes ses œuvres.

Notre-Dame de Brou n'a pas d'analogue dans l'innombrable collection des édifices gothiques ; ce n'est ni la cathédrale de Paris, grave et mystérieuse comme une vieille chronique ; ni la colossale épopée du Dôme de Milan, où chaque siècle en passant écrit une page immortelle (1) ; ni la Sainte-Chapelle, cantique lancé vers le ciel et fixé dans l'espace par quelque miracle ; ni Saint-Germain-des-Prés, naïf comme la foi qui l'a dicté ; ni Reims, ni Chartres,

(1) Ceci ne regarde que ce qui s'est fait jusqu'à la fin du siècle dernier ; car les grotesques ouvertures grecques dont on a embelli la façade du Dôme et qui marquent le passage du premier empire, n'ont aucun droit à l'immortalité.

ni Bourges, ni aucun de ces grands ouvrages anonymes que le moyen âge a laissés sur son passage, emportant dans l'oubli les noms de leurs auteurs et les causes de leur création; Notre-Dame de Brou, elle aussi, est un poëme, mais un poëme d'amour et de douleur; cela se voit dès les premiers pas, cela se lit dès les premières lignes; elle en porte le titre inscrit sur son front, et nul, en admirant ces prodiges de ciselure, ces chiffres voluptueusement enlacés le long des moulures, ces emblèmes profanes suspendus aux clefs des voûtes, ces devises plaintives brodées sur toutes les nervures, nul ne doutera que sous cette expression religieuse se cache une passion terrestre, un roman sous cette prière. Quelque grande et sentimentale mémoire vit dans les murs de ce temple, agite l'air qu'on y respire; il est facile de reconnaître à certains signes intraduisibles que la piété des fidèles n'a pas élevé ces arceaux, découpé ce marbre, brodé ces chiffres d'albâtre; c'est trop de luxe pour que l'obole du peuple ait pu le payer; trop de tristesse, trop de grâce, trop de sensualité pour qu'un amour de femme, violent et déçu, n'ait point passé par là.

Notre-Dame de Brou est plus qu'une église et moins qu'un tombeau; plus mondaine que l'une, moins sinistre que l'autre. La catastrophe, la désolation, la mélancolie se rencontrent partout, la sévérité nulle part. Aussi appartient-elle de droit à cette période de l'architecture religieuse où le gothique, harcelé par la grande hérésie italienne, crut échapper à sa perte en se livrant aux excentricités du style *flamboyant*. Malgré le tribut que l'art ogival dut payer au mauvais goût pour reculer de quelques instants l'heure de sa chute, il s'éleva dans la construction de Brou à une telle hauteur, qu'il n'eut plus ensuite qu'à descendre et à disparaître. Il n'avait pas eu d'enfance, il n'eut presque pas de vieillesse ; il sortit de la scène comme il y était entré, en triomphateur.

C'est en songeant à cette décadence si déplorable et si soudaine, que le voyageur dont nous parlions tout à l'heure en parcourait le dernier théâtre ; il suivait de l'œil le détail infini des ornements qui couvrent la muraille d'un triple tissu de bois, de pierre et de marbre, lorsqu'une inscription détachée à jour sur une moulure du chœur arrêta ses pas. Quoique une main sacrilége eût défiguré plusieurs des lettres dont se compose cette devise, il lui fut facile de déchiffrer ces mots :

FORTVNE. INFORTVNE. FORT. VNE

La pensée déguisée sous ce jeu de mots le frappa; le sens de l'édifice, le mot de la mystérieuse énigme était là. Ainsi une femme avait fait cela; une femme noble et puissante, car fonder une église n'était point affaire de vilain; riche et souveraine, on y avait englouti le revenu d'un royaume; passionnée enfin, car parmi les mille chefs-d'œuvre de ciselure qui tapissent les parois, celui que la main des sculpteurs avait fouillé de prédilection c'était un chiffre de deux initiales, un P et un M tendrement unis par un lac d'amour.

Cette femme amoureuse et désolée, c'était pourtant une des plus hautes intelligences, un des plus habiles diplomates du seizième siècle; c'était celle qui par deux fois avait tenu dans ses mains le sort et l'honneur de la France; c'était Marguerite d'Autriche.

Il est rare que la vie publique d'un

personnage de la taille de Marguerite d'Autriche ne soit pas doublée d'une vie privée égale d'intérêt, supérieure quelquefois. Nul ne pourra contempler les magnificences de Brou, nul ne lira l'histoire du traité de Cambrai sans chercher à regarder dans les coulisses de cette brillante existence, sans désirer connaître quelles infortunes se cachaient sous cette grandeur et cette majesté. Nous ne sommes pas le premier, du reste, dont cette énigme ait tenté la curiosité : des écrivains de grand talent, des savants de premier ordre ont déjà porté la lumière dans cette attrayante obscurité. Un éminent archéologue, M. Jules Baux, archiviste du département de l'Ain, a écrit une *Histoire de l'église de Brou*, également forte de style et d'érudition. Un autre auteur, M. le comte de Quinsonas, s'est donné la mission, infatigablement remplie, de recueillir et de condenser en trois gros volumes tous les documents relatifs à la biographie de Marguerite d'Autriche ; la réunion de ces pièces, soudées entre elles par quelques pages étincelantes de verve et d'*humour*, forme le tableau le plus complet des mœurs et de la couleur locale de l'époque. D'autres encore, historiens ou poëtes, ont agité leur plume à propos du monument de Brou. L'étude qu'on va lire n'est ni un poëme ni une histoire, c'est la série sans ordre et sans méthode des réflexions venues à l'esprit d'un voyageur pendant une promenade sentimentale autour de la dernière ogive. S'il a cru bon de les fixer sur le papier, c'est que, selon lui, même après les ouvrages remarquables qui viennent d'être cités, le sujet n'est pas épuisé; lorsque les hommes spéciaux ont fini de parler, il reste encore un mot à dire, le mot du rêveur qui n'a point compulsé les vieux parchemins et n'a demandé à un rapide et désordonné pèlerinage que des souvenirs et des émotions d'artiste.

C'est un fait psychologique hors de discussion que le premier, l'irrésistible besoin du touriste qui rentre au logis est de raconter ce qu'il a vu ; si nous ne redoutions d'employer un mot ambitieux, nous dirions qu'en publiant ici ses impressions, il fait plus que céder à un besoin, il remplit un devoir. Notre-Dame de Brou est un de ces joyaux qui suffisent à la parure d'une province; elle devrait être sans cesse encombrée d'insatiables visiteurs; et cependant, n'étaient quelques pieux indigènes, quelques militaires désœuvrés, quelques artistes intrépides, quelques poëtes entêtés, le *cicerone* du lieu, le plus ennuyeux des *cicerones*, y jouirait seul de splendeurs dignes d'une éternelle et universelle contemplation. Pour beaucoup de ceux sous les yeux de qui passeront ces lignes, le touriste en question a donc découvert l'église de Brou ; il ne se croit pas plus le droit de taire sa découverte qu'il n'eût accordé à Christophe Colomb celui de dissimuler l'Amérique.

C'est pourquoi il a écrit ce qui suit.

II

PHILIBERT ET MARGUERITE

De toutes les maisons souveraines qui se sont partagé l'empire du monde, nulle peut-être n'a mieux fait son chemin que la maison de Savoie. Obscur marquisat du pays de Maurienne au onzième siècle, elle est parvenue à régner sur l'un des plus grands peuples de l'Europe. Et il ne faut chercher les

2.

causes de cette étonnante fortune ni dans une ambition démesurée, ni dans une politique déloyale ou accapareuse, ni dans d'injustes et brutales conquêtes; ici, tout accroissement de territoire est le résultat d'un traité, d'une alliance ou de la libre volonté des populations absorbées. Au treizième siècle, Amédée le Grand réunit par un mariage la Bresse à la Savoie; au quinzième, le Piémont se réfugie sous la protection d'Amédée VII; au dix-huitième, le traité de Radstadt arrondit Victor-Amédée du Montferrat et de la Sardaigne; de nos jours enfin, c'est l'Italie presque entière qui, spontanément, remet ses destinées aux mains de Victor-Emmanuel.

Ce n'est pas à dire que ces marquis, ces ducs, puis ces rois, aient été plus paisibles qu'il ne faut : l'histoire de leur longue dynastie n'est pas moins riche en éclatants faits d'armes, en glorieux événements militaires, qu'en améliorations pacifiques. Si leur gouvernement fut en général sage et libéral, leur humeur belliqueuse n'y perdit rien; il y eut parmi eux des souverains calmes et justes, mais il y eut aussi des héros; s'ils eurent les Amédée V et les Thomas Ier, ils eurent aussi les Emmanuel-Philibert et les Victor-Amédée.

En l'an 1501, au moment où commence ce récit, le duché de Savoie (ils étaient ducs alors) comprenait déjà, outre la Savoie proprement dite, le Piémont, la Bresse, le Bugey, le pays de Vaud et de Genève, le comté de Nice et le pays de Gex; il avait pour souverain le plus beau prince et le plus vaillant homme de guerre de la chrétienté. Le duc Philibert II, qui a joué un si grand rôle dans la fondation de Brou, était, comme son surnom en fait foi et comme le confirment les chroniques du temps, un chevalier accompli ; sa figure passait pour une merveille, sa valeur et sa bonté n'avaient point d'égales. Il avait vécu à la cour de France, l'école qui pour la galanterie et les bonnes manières faisait autorité en Europe ; sa seconde enfance et sa première jeunesse s'étaient passées dans les fêtes, les tournois et les folles campagnes qui forment à peu près le bilan du règne de Charles VIII ; c'est là qu'il prit l'humeur guerroyeuse, la franchise, la libéralité, toutes les qualités que, malgré ses extravagances et son incapacité, on ne peut refuser au *petit roi*.

A quatorze ans, il suivit l'expédition de Naples où il apprit rudement le courage, il assista à la bataille de Fornovo qui n'en fut pas la pire leçon. Aussi, quand à la mort du duc Philippe II son père il vint, âgé de dix-sept ans à peine, prendre le gouvernement de son duché, sa fougue impétueuse, son caractère belliqueux furent-ils singulièrement bridés ; il ne s'agissait plus de batailler, mais de régner, et ce talent n'était pas celui par où brillait le beau Philibert : il était le plus excellent des princes, mais le plus détestable des administrateurs ; il laissa donc volontiers les affaires publiques entre les mains de ses conseillers, et se contenta de faire le bonheur de ses sujets par sa bonté, sa belle mine et ses incomparables aptitudes pour la chasse. Son peuple l'adorait parce qu'il était juste et de facile accès, et parce qu'il rendait souvent en largesse ce qu'il prenait en impôts.

Malgré ses imperfections administratives, Philibert II est une des plus sympathiques figures de sa race ; elle apparaît consolante et douce, dans un coin de ce tumultueux quinzième siècle, comme pour en tempérer la sombre et terrible couleur. On aime, en parcourant cette époque de sang, à découvrir un peuple tranquille, un prince aimé, alors que la moitié de l'Europe égorgeait l'autre. Dans les traditions populaires le beau duc est aussi resté le *bon duc*, et s'il s'échauffa un jour à exterminer les prosélytes vaudois, c'est qu'il vivait dans un temps où le plus charitable des hommes pensait faire œuvre pie en brûlant les hérétiques.

Le père de Philibert le Beau, Philippe II de Savoie, un vigoureux chasseur aussi, bon prince et brave guerrier, avait eu le malheur, dans sa jeunesse, de se casser le bras en poursuivant un lièvre, ce qui ne laissait pas d'être fort humiliant pour un si rude chasseur d'hommes. Sa femme, une princesse de Bourbon, s'adressa au ciel, comme il était convenable, pour obtenir la guérison de son mari; elle promettait en échange de fonder à Brou, faubourg de Bourg en Bresse, un monastère et une église. Elle y mettait le prix, comme on voit; aussi Philippe guérit-il promptement. Mais la princesse mourut elle-même avant d'avoir pu tenir sa promesse ; elle en légua l'accomplissement à son époux. Philippe, après avoir pris le temps de pleurer sa femme, se mit en devoir de faire honneur à cet héritage, sans trop se presser pourtant, car lorsqu'il mourut lui-même, quatorze ans après, en 1497, il n'avait encore fait, en faveur de la future église, qu'un testament par lequel il ordonnait qu'on y établît la sépulture de sa famille.

Philibert le Beau se trouva ainsi chargé de mettre en œuvre le vœu de sa mère. Il eût été probablement fort empêché d'en venir à bout, l'architecture et les autres arts libéraux n'étant point son fait, et l'église de Brou aurait couru grand risque de ne jamais voir le jour si une circonstance imprévue ne fût survenue tout à point pour le tirer d'embarras.

En 1501, Philibert ayant près de vingt et un ans songea à se marier. Son choix s'arrêta sur Marguerite d'Autriche.

Marguerite d'Autriche était fille de Maximilien Ier, empereur d'Allemagne, et petite-fille, par sa mère Marie de Bourgogne, de Charles le Téméraire. Au moment où elle s'unit au beau prince de Savoie, elle avait déjà dans sa vie tout un roman d'aventures et d'infortunes.

Elle était âgée de deux ans quand elle fut fiancée à Charles VIII, alors Dauphin, qui en avait douze; elle était l'appoint du traité d'Arras qui terminait la lutte entre Louis XI et les Pays-Bas. En 1482 elle fut amenée en France et remise aux soins de la célèbre dame de

Beaujeu, fille aînée et préférée du roi, chargée de la préparer à son métier de reine. Nous la perdons de vue pendant neuf ans.

En 1491 elle reparaît. Bien des événements ont rempli ces neuf années : Louis XI est mort sans avoir pu réunir à la France le puissant duché de Bretagne ; ce fleuron manquant à sa couronne avait été le tourment de sa vie politique. En ce temps-là la Bretagne était gouvernée par une femme, cette femme était jeune, belle et forte ; il ne fallait pas songer à la violence, un mariage seul pouvait arranger l'affaire : on prit ce parti pacifique. Ni Anne de Bretagne ni Charles VIII n'étaient libres : l'une avait été mariée secrètement et par procuration à Maximilien, l'autre était fiancé à Marguerite d'Autriche ; le cas était deux fois gênant, mais la gravité des motifs élargissant les consciences, on fit entendre raison à la cour de Rome : Anne oublia Maximilien et Charles répudia Marguerite. Le mariage de la France et de la Bretagne se célébra solennellement à Langeais en Touraine, avec autant de faste et d'éclat que si un double parjure n'eût point séparé les nouveaux époux.

Marguerite fut renvoyée à son père avec les honneurs dus à son rang ; elle partit dévorant son injure. Maximilien, tout meurtri de la sienne, exhala bruyamment sa colère à travers l'Europe ; il bouleversa l'Allemagne et l'Italie pour recruter des ennemis à la France ; il n'y réussit que trop.

Six ans après, Marguerite d'Autriche épousait Jean de Castille, infant d'Espagne, fils du roi d'Aragon ; elle s'embarqua à Flessingue. A peine en mer, elle fut accueillie par une si épouvantable tempête qu'elle crut ses malheurs finis.

On prétend qu'en cet instant critique, pendant que l'équipage et les passagers, éperdus de frayeur, attendaient en tremblant leur dernier moment, elle prit soin de composer elle-même son épitaphe. L'heure était ingénieusement choisie, comme on voit. Si quelque chroniqueur trop abondant n'a pas mis ces vers de son cru sous la plume *in extremis* de la charmante princesse, ils sont un curieux témoignage de la fermeté de son caractère et de la précocité de son esprit.

Voici le distique :

> Ci-gît Margot, la gente damoiselle,
> Qu'eut deux marys et cy mourut pucelle.

La tempête, comme attendrie, se calma, Marguerite arriva saine et sauve en Espagne et débarqua à Santander. Elle entra triomphalement dans Burgos, où le mariage fut célébré par l'archevêque de Tolède au milieu d'acclamations et de réjouissances sans pareilles.

Six mois après, elle était veuve.

C'est vers ce moment que Philibert le Beau demanda et obtint sa main. Tous deux avaient vingt et un ans.

Alors commença pour Marguerite une vie nouvelle, inespérée ; la raison d'Etat n'avait point pesé sur cette union, elle était mariée selon son cœur, et non plus selon les traités ; il lui était permis d'aimer sans diplomatie et sans protocoles ; elle crut avoir enfin dérouté la fatalité, acharnée à sa poursuite. Le souvenir des injures passées disparut effacé par les joies présentes ; la fille des Césars ne regrettait plus les deux trônes qui lui avaient échappé ; elle ne se rappelait avoir été deux fois reine que pour se réjouir de n'être plus que simple duchesse, et le plus souvent qu'elle le pouvait, elle oubliait qu'elle était duchesse, pour se souvenir qu'elle était femme, et femme adorée du plus beau cavalier de son temps.

Les deux époux furent unis dans une petite église égarée au fond des gorges du Jura, à Romain-Motier; puis, à regret, ils se résignèrent à se montrer en grande pompe à leurs sujets. Ils tinrent cour plénière à Genève, ensuite à Bourg en Bresse, à Chambéry, à Turin où on les assomma de mille représentations, mystères, momeries, harangues et autres divertissements magnifiques, mais insupportables pour des amoureux. Le duc n'était qu'à moitié mécontent de ces cérémonies où il trouvait l'occasion de développer dans tout leur éclat les agréments de sa belle personne; s'il aimait cette solitude à deux, cette lune de miel cachée, aussi délicieuse aux princes qu'aux vilains, il ne lui déplaisait pas non plus de se présenter à son peuple, revêtu de son armure étincelante, maîtrisant d'une main son fougueux cheval de bataille, et répondant de l'autre aux *noëls* de la foule ; il n'était pas égoïste, lui, il voulait être beau pour tout le monde. La duchesse, au contraire, avait hâte d'échapper à l'étiquette des cortéges et des réceptions qui l'écartaient de son mari ; dès qu'elle le put, elle s'enfuit en l'entraînant hors de tout ce tapage, et s'enferma avec lui dans le château de Pont-d'Ain ; là seulement elle se crut à l'abri des importunités qui troublaient son bonheur.

Cependant Marguerite reconnut bientôt que son Philibert n'était pas de ceux qui peuvent vivre uniquement d'amour et de contemplation ; il était profondément épris de sa femme, mais il comprenait autrement qu'elle leur commune passion. Elle eût donné ses richesses et sa puissance pour l'isolement et l'heureuse obscurité du dernier de ses vassaux ; tandis que Philibert aimait à encadrer son amour dans toutes les splendeurs de la vie princière. Il lui fallait les brillants assauts d'armes où naturellement il était toujours vainqueur, le jeu, la musique, les festins à grand fracas, les chasses émouvantes dans lesquelles il pût retrouver quelques pâles ressouvenirs des dangers de la guerre ; il lui fallait surtout ne pas trop gouverner. Marguerite lui donna tout cela avec profusion ; elle l'environna d'une cour joyeuse et bruyante, avide comme lui de plaisirs et d'éclat ; elle se chargea de l'administration du duché pendant que Philibert rompait des lances ou courait le sanglier sur les sommets du Revermont ; mais son œil le suivait partout, partout elle l'entourait de précautions secrètes comme si elle eût craint que le malheur retrouvât le chemin de sa félicité.

Pendant trois ans le château de Pont-d'Ain fut en perpétuelle fête; la belle duchesse était ingénieuse à varier des plaisirs qu'elle maudissait au fond de l'âme ; elle se trouvait d'ailleurs servie à souhait par l'état politique de l'Europe ; par hasard la paix était alors presque générale ; Philibert n'avait aucun prétexte d'aller guerroyer au dehors ; force lui était de dépenser dans les joutes ou sur le gibier des forêts voisines son ardeur belliqueuse ; aussi y eut-il maints horions échangés « pour l'amour des dames » dans le château ducal ou dans les environs. Le 18 février 1504 notamment, à l'occasion du mariage d'un de ses gentilshommes, le duc donna un tournoi dont il fut beaucoup parlé dans le duché et dans les Etats limitrophes(1); on se battit « à la lance à fer émoulu, »

(1) M. Jules Baux.

à l'épée à deux mains « tranchante et poignante. » Philibert descendit dans la lice, couvert d'or, d'acier et de velours, et fit des prodiges de valeur. Il brisa à coups de lance, à défaut de lance à coups de tronçons, plusieurs armures, et terrassa je ne sais combien de champions. J'ignore si le jeu fut du goût des battus ; ce que je sais, c'est que le prince fut grandement acclamé, qu'il reçut pour prix de sa vaillance « le baiser d'une belle damoiselle » et une riche bague dont il se para incontinent.

Un autre jour on disputa le prix de la course ; un autre il y eut bal et spectacle où figurait la fleur de la noblesse savoisienne, le duc et la duchesse en tête. Marguerite était à la fois l'auteur, l'ordonnateur et le principal acteur de la pièce ; le sujet en était on ne peut plus galant : « Quatre dames avaient enchaîné quatre chevaliers avec des chaînes d'or, d'autres chevaliers survenant voulaient enlever les dames, mais dans ce péril pressant, elles délivraient leurs esclaves qui leur faisaient raison de leurs ennemis. » Tout alla pour le mieux, et le succès du drame fut excessif; malheureusement Philibert prit tellement à cœur son rôle de protecteur des dames, qu'il abattit son adversaire et « lui rompit une espaule. »

Ainsi fuyait le temps, avec la rapidité des jours heureux. Parfois Marguerite s'arrêtait sur la pente et regardait à l'horizon; elle s'effrayait de le voir si pur. Qui sait si, dans l'excès de son bonheur, elle n'eût pas voulu quelques nuages à ce ciel toujours bleu qui l'accablait de son immuable sérénité! mais rien; pas le plus léger bruit d'orage, pas un éclair, pas une ombre.

Pourtant il lui manquait une dernière infortune pour achever de mûrir son caractère et pour l'arracher aux délices de cette Capoue où se gaspillaient son énergie et ses talents. Dieu avait disposé d'elle. La pauvre femme amoureuse, de sa main habituée à tenir une plume de poëte, devait un jour régler l'équilibre du monde !

Le 10 septembre 1504, le duc Philibert mourut des suites d'une pleurésie gagnée à la chasse. Il était à peine âgé de vingt-quatre ans.

Le désespoir de Marguerite fut terrible, insensé. Après ce beau songe de trois années, si plein de toutes les voluptés, le réveil était effroyable. La Providence semblait avoir pris à tâche de balloter cette femme entre les conditions les plus extrêmes comme pour la mieux former à ses desseins; elle ne l'avait élevée au sommet de la puissance et du bonheur que pour l'en précipiter plus rudement. Les grands hommes sont parfois voués à ces antithèses; nul n'en fut jamais plus victime que Marguerite d'Autriche.

Pendant quatre ans elle remplit de son deuil ce château de Pont-d'Ain dont l'atmosphère vibrait encore du bruit des fêtes dispersées; sa douleur furieuse d'abord et éclatante devint peu à peu calme et sombre; elle s'affaissa. Elle s'enferma avec ses souvenirs et ne s'occupa plus qu'à recueillir, pour en vivre, les traces impalpables que l'absent laisse derrière lui, comme un parfum, à tout ce qu'il a touché et que la mort elle-même ne saurait effacer. Elle conserva la chambre où son Philibert avait expiré (celle-là même où il était né) telle que son cadavre l'avait laissée; souvent elle y venait passer de longues heures, assise auprès de ses meubles favoris, des armes qu'il préférait, de toutes les choses dont il avait l'habitude, cherchant dans ce milieu encore palpitant de lui assez d'illusions pour s'en refaire une menteuse réalité.

Elle ne fut pas seule à pleurer : le duc Philibert était l'idole de ses sujets ; ses funérailles furent splendides ; il eut pour oraison funèbre les larmes de tout un peuple.

Marguerite n'avait jamais oublié le vœu de sa belle-mère Marguerite de Bourbon, mais les trois années de fêtes et de plaisir qui venaient de s'écouler ne lui avaient guère laissé le loisir de l'exécuter ; la mémoire lui en revint dans son isolement ; elle résolut d'élever à Brou un monument qui fût à la fois l'*ex voto* qu'elle devait au ciel et un tombeau pour son époux digne de sa douleur et digne de leur amour.

Cette résolution prise, elle s'y cramponna avec une énergie et une impatience qui seules peuvent expliquer l'étonnante rapidité avec laquelle fut construite l'église de Brou. Vainement sa famille et ses conseillers essayèrent-ils de l'arrêter dans les dépenses folles qu'elle fit pour en presser l'achèvement, elle n'écouta rien; on eût dit qu'elle avait hâte de finir la couche où elle devait rejoindre un jour celui qu'elle avait perdu.

Nous dirons plus loin comment elle y parvint; mais avant de nous occuper de l'œuvre nous devons achever en quelques mots cette esquisse de la fondatrice. Nous ne suivrons pas Marguerite dans toutes les phases de sa carrière politique; la conduite qu'elle y tint appartient à l'histoire de nos revers et de nos plus honteux traités de paix; la France s'était donné cette dangereuse ennemie par une de ces injures qu'une femme, fût-elle la grave et sérieuse Marguerite d'Autriche, ne pardonne pas.

Elle sut s'en venger loyalement, mais cruellement, et longtemps nos frontières ont gardé la cicatrice des coups qu'elle leur a portés. Nous ne pouvons, ayant parlé de sa vie de femme, passer absolument sous silence sa vie de diplomate : l'une complète l'autre.

Maximilien vint arracher sa fille aux lugubres rêveries de Pont-d'Ain ; il l'emmena aux Pays-Bas, dont il lui donna le gouvernement. Marguerite se laissa faire ; elle quitta la tombe du beau prince, mais elle lui jura une fidélité qu'elle ne trahit jamais. Agée de vingt-huit ans à peine, belle, spirituelle, instruite, pourvue de riches apanages, elle était encore un parti à tenter le plus difficile des souverains ; mais elle ne se croyait plus libre ; la mort, en la séparant de son mari, n'avait pu rompre les liens éternels qui l'unissaient à lui ; pour elle il n'était pas mort, il était absent;

elle n'existait que pour attendre le moment de le rejoindre, et sa piété seule l'empêchait d'accourir avant l'heure au rendez-vous. Elle se condamna donc à un irrévocable veuvage et se voua désormais à deux tâches : la direction de ses nouveaux Etats et l'édification de son monument dont elle exécuta elle-même, dit-on, le premier dessin.

Marguerite s'établit à Malines, qui devint sa résidence favorite et d'où elle gouverna à la fois les Pays-Bas et ses provinces de Bresse; elle avait alors auprès d'elle son neveu, fils de son frère l'archiduc Philippe, et dont elle faisait l'éducation. Ce ne fut pas une des moindres revanches qu'elle prit contre la France; car, quelques années plus tard, cet enfant s'appelait Charles-Quint.

Marguerite d'Autriche fut l'inspiratrice de toutes les entreprises heureuses de l'empereur Maximilien, son père;

mais ce prince, turbulent et brouillon, n'était à la hauteur de sa fille ni par la tête ni par le cœur; opiniâtre, sans décision, inintelligent et étourdi, il détruisait souvent par une exécution maladroite l'effet des combinaisons mûries par Marguerite, et compromettait presque toujours les succès qu'elle lui avait préparés. Pendant plusieurs années, l'association de ces deux personnages si divers a tenu en suspens les destinées de l'Europe : association étrange où la jeune femme, belle et passionnée, représentait la sagesse et la prudence ; le vieillard, l'inconsistance et la légèreté. Aussi cet empereur sans cesse aux abois, ce vagabond couronné, fut-il toujours le chevalier errant, aventureux et querelleur qu'on rencontre à tout moment dans l'histoire de cette époque, partout où il y a des coups à recevoir ou des humiliations à subir.

C'est Marguerite d'Autriche qui forma, de concert avec le cardinal Georges d'Amboise, fondé de pouvoir de Louis XII, la ligue de Cambrai, où l'empereur, le pape, les rois de France et d'Aragon s'unirent contre la république de Venise. Alliance absurde qui rassemblait sous le même drapeau lès intérêts les plus opposés et les plus irréconciliables inimitiés; mais il s'agissait d'abaisser l'orgueil de cette république de marchands, dont la force maritime, l'industrie florissante, les innombrables relations commerciales, les richesses incalculables, empêchaient de dormir tous les souverains de l'Europe; les haines politiques se taisaient devant cette cause commune. Le prétexte était de protéger le pape, qui s'en souciait à peine, contre les vexations de Venise; la raison vraie était pour chacun des alliés de refaire ses propres finances et d'arrondir ses frontières aux dépens de cette puissance importune.

Ce fut une des habiletés diplomatiques de Marguerite de jeter la France dans cette bagarre où elle n'avait que faire ; Louis XII tira les marrons du feu en gagnant la bataille d'Agnadel, où il battit les Vénitiens et les força à se retirer dans ce qui devint plus tard le fameux *quadrilatère*. Maximilien, exalté par cette victoire, à laquelle il n'avait pris aucune part, se mit à grand bruit sur les traces des vaincus et, malgré les sages conseils de sa fille, les assiégea dans Padoue avec 80,000 hommes; après plusieurs assauts furieux, il fut obligé de se retirer honteux, mais non corrigé.

Maximilien mourut en 1519, laissant à son petit-fils Charles-Quint ses Etats démembrés et compromis; mais lui léguant bien plus qu'un royaume dans

Marguerite d'Autriche. Charles-Quint conserva toujours, pour les avis de sa tante, la même déférence, et continua à s'inspirer d'elle dans ses actes les plus importants. Il la chargea de conclure le trop fameux traité de Cambrai. Personne n'ignore dans quelles conditions fut signé ce traité : l'armée du roi de France, après avoir bouleversé l'Italie, soulevé Florence et Venise, attiré sur Rome le sacrilége et épouvantable sac de 1529, venait d'être battue et chassée; tout le monde, vainqueurs et vaincus, était épuisé. Haletants, harassés, aussi las l'un que l'autre de cette inutile et horrible guerre, François Ier et Charles-Quint nommèrent des plénipotentiaires pour aviser à la paix. Louisè de Savoie, la mère et le mauvais génie de François, s'aboucha à Cambrai, funeste coïncidence, avec Marguerite d'Autriche. C'est entre ces deux femmes que fut débattu et rédigé l'un des plus humiliants traités dont ait jamais rougi la France. Le roi chevalier, le vainqueur de Marignan, payait le repos que lui accordait l'empereur par la cession de la Flandre, de l'Artois, de Gênes, Milan, Naples; il donnait deux millions d'écus et abandonnait lâchement les Vénitiens qui s'étaient ruinés pour lui. A Pavie « tout fut perdu fors l'honneur ; » à Cambrai l'honneur sombra comme le reste.

Ce fut le dernier acte politique de Marguerite, elle mourut l'année suivante.

On est indécis sur les causes de sa mort. Voici celle que les chroniques donnent comme la plus probable. Quelques mois après la signature du traité de Cambrai, Marguerite entreprit un voyage d'Anvers à Brou ; elle voulait juger par ses yeux de l'état de son église, dont la construction durait depuis dix-neuf ans. Le 15 novembre 1530 elle arriva à Malines où elle passa la nuit ; le lendemain matin, ayant soif, elle appela une de ses femmes et lui demanda un verre d'eau; on lui présenta une coupe de cristal ; en la prenant, elle la laissa tomber sur le parquet; un éclat de verre rejaillit dans sa mule sans que personne s'en aperçût et la blessa au pied ; elle n'y prit pas garde tout d'abord, mais peu à peu la coupure s'envenima, la gangrène parut; les médecins décidèrent l'amputation. Elle s'y prépara courageusement, fit son testament et se livra aux chirurgiens. Ceux-ci, pour lui épargner la souffrance, l'endormirent avec de l'opium, mais si maladroitement, qu'elle ne se réveilla plus.

Elle avait cinquante et un ans.

La mort de Marguerite fut une perte irréparable pour son neveu qu'elle guidait de sa grande expérience, pour ses peuples dont elle était l'idole, pour les arts qu'elle aima et encouragea toujours avec autant de générosité que de compétence. La poésie, la peinture, la sculpture, la musique, avaient en elle un Mécène qu'on n'implorait jamais inutilement. Au plus fort de ses hautes préoccupations, elle suivait de loin la construction de Brou, donnait des indications, se faisait présenter des rapports et rendre des comptes incessants. Notre-Dame de Brou fut le travail de son cœur, nul ne sait les jouissances qu'elle y trouva pendant dix-neuf ans ; elles durent être bien vives et bien constantes, car elle n'en chercha jamais d'autres.

Marguerite d'Autriche est à la fois une des plus majestueuses et des plus séduisantes figures de l'histoire. Elle fut le plus grand diplomate de son temps, sans cesser un seul instant d'être de son sexe. A part l'aversion malheureusement trop légitime qu'elle nourrissait contre la France, on ne peut reprocher à sa politique ni une colère ni une faiblesse ; et si profondément que l'on fouille dans son existence privée, on n'y rencontre que des perfections dignes de sa vie publique. Son œuvre de souveraine l'a fait immortelle, moins pourtant que son œuvre de femme et d'artiste. La maison d'Autriche lui dut peut-être la puissance avec laquelle Charles-Quint faillit absorber l'Europe ; mais cette puissance a croulé, et le temple de Brou, jeune en dépit de l'âge et resplendissant, a traversé tous les orages, comme si du fond de leur caveau les cendres de sa fondatrice le protégeaient encore.

III

COUP D'ŒIL SUR L'ARCHITECTURE EN 1511

Notre-Dame de Brou fut commencée en 1511 et terminée en 1536.

Ainsi, au contraire des édifices gothiques que les précédentes générations se transmettaient inachevés pendant de longs siècles, vingt-cinq ans ont suffi à la création de cette merveille.

Nous avons vu à quelles circonstances, à quelle impatience de femme amoureuse, on doit attribuer cette rapidité d'exécution, inusitée au moyen âge; cette raison n'est pas la seule : quelle que fût l'ardeur de Marguerite d'Autriche et son désir de terminer promptement son église, elle n'y serait point parvenue si elle n'eût été aidée par le désœuvrement où la chute du style gothique avait laissé les meilleurs *maçons* et *tailleurs d'imaiges ;* elle n'eut qu'à choisir parmi les plus célèbres et les plus habiles. Ainsi peut s'expliquer le nombre et la beauté des détails.

Quant à la forme particulière de l'édifice, forme qu'on ne retrouve indiquée nulle part, elle tient à d'autres causes ; au moment même où se creusaient les fondations, l'Europe était en proie depuis plusieurs années à une furieuse réaction architecturale ; l'art ogival, abandonné, proscrit, insulté, payait par une déroute universelle, presque une persécution, ses trois cents ans de gloire et de toute-puissance ; longtemps déjà avant sa ruine, il avait dû se résigner à une transformation (les rigides disent profanation) qui cachait la sévère nudité des cathédrales du quinzième siècle sous une ornementation gracieuse, opulente, mondaine ; la masse elle-même avait dévié, les profils s'étaient déformés. Cette dislocation du style ogival avait fini par prendre un nom : il s'appelait le style *fleuri* ou *flamboyant*, ou bien encore le style *flamand*, parce que c'est dans les églises de Flandre qu'il s'est le plus clairement et le plus abondamment manifesté.

Notre-Dame de Brou est l'expression extrême du style *flamboyant ;* après elle l'art ogival s'éteint. Elle fut l'éblouissant et dernier rayon dans lequel ce splendide soleil couchant s'enveloppa pour disparaître. On ne nous en voudra donc point de placer ici quelques pages sur ce sujet qui est un corollaire du nôtre et de rappeler par quelles périodes de grandeur et de décadence passa l'architecture gothique avant de venir, galvanisée par la passion de Marguerite d'Autriche, jeter à Brou sa dernière flamme.

Vers le milieu du douzième siècle, un homme se rencontra, qui, prenant le demi-cercle, base du style roman, le rompit en son milieu, et rapprochant les deux extrémités, forma l'ogive. Le nom de cet homme est oublié, mais toutes les nations devraient se disputer l'honneur de le retrouver, car ce fut le créateur de l'architecture religieuse.

Le style roman régnait alors, épais et lourd, et avait encore un pied dans la barbarie des premiers siècles; c'était presque avec sa nudité l'architecture des catacombes, modifiée par quelques lambeaux des traditions grecques. On avait eu beau décorer de chapiteaux les piliers rudimentaires, les enrubanner de torsades, les enlacer de plantes fantastiques, le sentiment général était resté grossier et pénible ; le peu de hauteur des nefs, la forme prudente des voûtes plein-cintre, le volume exagéré des colonnes et des murailles, ne mettaient dans l'âme aucune impression de la grandeur et de la majesté qui sont les premières, les indispensables qualités du style religieux. C'est ce qui frappe à Lyon dans l'église d'Ainay, à Clermont dans l'église du Port, et même à Paris dans l'admirable Saint-Germain-des-Prés, trois des plus beaux restes de l'architecture romane.

L'ogive fut donc la bien-venue ; elle renversa comme d'un coup de foudre son adversaire ; elle balaya devant elle les méthodes primitives et les timides procédés de construction ; tout ce qui n'était pas elle dut s'évanouir ; les cathédrales commencées romanes furent terminées gothiques.

L'ogive arrivait armée d'arguments sans réplique ; elle avait, outre ses inestimables propriétés architecturales, tout l'attrait d'une complète nouveauté ; non-seulement elle n'était pas le roman, mais elle en était le contraire absolu ; au lieu des larges massifs et des vides étroits, elle voulait les arcades élevées, les piliers élancés, les jours spacieux ; elle ébranla violemment les idées reçues sur la solidité des édifices, les proportions de leurs membres et la sécurité de leurs supports ; avec elle la témérité fut désormais la loi ; on lança dans l'espace, à des hauteurs extravagantes, les tours, les clochers, les flèches, les pinacles ; on appuya l'énorme appareil des voûtes sur de fragiles faisceaux de colonnettes ;

si l'on daigna se préoccuper de la poussée, ce fut pour la contrebuter au moyen d'arcs-boutants dont la légèreté et l'audace nous effraye encore aujourd'hui. Il y eut alors dans les cathédrales quelque chose d'aérien, de diaphane, de surhumain, sous quoi le style roman positif et terre à terre devait être écrasé, et il le fut.

En trois cents ans, la France, l'Angleterre et l'Allemagne se couvrirent d'un tel nombre d'édifices gothiques, qu'une pareille fécondité tiendrait du surnaturel si la seule puissance de l'art en devait avoir le mérite; mais l'influence des événements contemporains fut beaucoup dans ce développement extraordinaire. Ces événements, dont nous allons parler, intervinrent activement dans la carrière du style ogival; autant peut-être que sa propre valeur, ils contribuèrent à son immense et rapide fortune, et c'est le jour où ils prirent fin que commença, après trois siècles de triomphe, l'injuste et dédaigneux oubli dans lequel il fut abandonné.

Ainsi, on pourrait chercher les causes de ce succès sans exemple dans la situation politique des Etats du Nord, dans l'état des esprits au milieu de l'enivrement des croisades, dans le pouvoir incommensurable acquis par le clergé, dans la concentration des lettres et des arts aux mains des moines, enfin dans la grande extension de la franc-maçonnerie. C'est au moment où ces causes s'effacèrent, c'est lorsque les guerres entre les nations ont cessé d'avoir la religion pour mobile ou pour prétexte, lorsque les couvents dépouillés de leurs biens et débordés par la civilisation renaissante ont perdu à la fois le monopole de la science et les moyens de la mettre en pratique, enfin lorsque la franc-maçonnerie dissoute et persécutée a dû rompre cette union vigoureuse où elle puisait sa force, que l'architecture ogivale a péri riche d'avenir et pleine de vie.

Parcourons en quelques lignes cette glorieuse existence d'un style qui sera toujours, quoi qu'on fasse, le style religieux par excellence, et voyons par quelle étrange exception les écroulements politiques de cette sanglante époque, loin de l'étouffer sous leurs décombres, formèrent les premières assises de son succès.

Le onzième siècle finissait ; un grand tumulte agitait le monde ; le concile de Clermont avait mis le feu aux quatre coins de l'Europe en précipitant sur l'Orient la première croisade. Les peuples émus couraient aux armes ; on allait délivrer Jérusalem ; chacun voulait en être. Ce prestigieux mot d'ordre était devenu le signal de tous les enthousiasmes, tous les dévouements, toutes les ambitions, toutes les violences; il n'existait plus qu'un seul but, la guerre aux infidèles; qu'une seule route, celle du Jourdain. C'était un délire universel; les champs, les métiers, les châteaux, les chaumières étaient abandonnés avec une égale ardeur. On se ruait sur la terre sainte: « Les chemins, dit un historien, étaient trop étroits, l'espace manquait aux voyageurs. »

Au milieu de ce pêle-mêle, les gens paisibles eurent fort à faire pour se garantir du flot brutal qui passait. L'armée du Christ ressemblait fort à une bande de pillards, et tout ce qui se trouvait sur le chemin du saint sépulcre était mis à sac comme pays conquis. Heureusement les couvents ne partaient pas et leurs domaines étaient sacrés; ils se firent l'asile des sciences et des arts effarouchés de tout ce tapage; les savants, les poëtes, les maçons habiles, les tailleurs d'images, les peintres, les verriers, les mosaïstes, tous gens d'humeur pacifique, se groupèrent autour de ces centres d'où rayonnait la seule protection qui fût efficace contre la rigueur des temps et le sans-façon des hommes d'armes. La civilisation épouvantée vint chercher dans ces retraites un abri contre la barbarie. Elle y resta trois siècles.

Cette condensation de toute la vigueur spirituelle des nations eut un effet auquel on ne se fût pas attendu dans la débâcle générale; loin que le feu de l'intelligence s'éteignît, il fut conservé, ravivé par les moines, vestales d'un nouveau genre; les manuscrits précieux furent recueillis, étudiés et recopiés par eux; toutes les connaissances humaines réfugiées sous leur égide s'y développèrent silencieusement; et le jour où le monde, épuisé par les luttes sauvages du moyen âge, arrêta son travail d'extermination, il ne vit pas sans étonnement la science sortir des cloîtres et se répandre plus brillante et plus profonde que jamais sur l'Europe dévastée.

Parmi ceux qui s'étaient venus cacher sous l'aile inviolable de l'Eglise se trouvaient les diverses corporations de francs-maçons.

La *maçonnerie* était le seul art qui pût s'exercer sans dangers hors de l'enceinte sacrée des couvents, car elle était le seul qui fût compris et respecté de la plèbe. Le peuple, ignorant, simple et grossier, ne goûtait point les charmes trop délicats de la poésie, mais il avait pour ses cathédrales un attachement qu'on savait mettre à profit; il leur consacrait souvent l'obole que la guerre ne lui avait pas prise; elles étaient toute sa littérature, on lui composait des églises, seuls livres où il sût lire couramment, et il les étudiait avec amour et recueillement. Il y avait même entre les corporations qui construisaient et le peuple qui payait une sorte de communion; l'édification d'une cathédrale était à leurs yeux une invocation où l'ouvrier priait à côté du donateur; le coup de ciseau du tailleur d'images et l'offrande du paysan venaient s'y confondre dans une même action de grâces. Tandis que l'homme des champs apportait son aumône à l'escarcelle du couvent qui dirigeait les travaux, l'obscur folliagier ciselant dans quelque coin la niche d'un saint ou le chapiteau d'une colonne, ajoutait, lui aussi, son verset au psaume immense qui s'élevait vers le ciel, et souvent ce verset était un chef-d'œuvre.

Le clergé, jaloux de conserver entière la suprématie que lui donnaient à la fois un pouvoir temporel considérable et le prestige d'une érudition inaccessible au vulgaire, profita des événements qui mettaient les francs-maçons en quelque sorte sous sa dépendance, pour se les attacher par toutes sortes de faveurs et d'immunités. L'Eglise était alors à l'apogée de sa grandeur, et la protection qu'elle accordait à la franc-maçonnerie valait celle du plus puissant roi ; l'excommunication, arme terrible alors, servait de sanction pénale à ses ordres et lui assurait dans tous les pays catholiques une autorité sans bornes. C'est sous cette redoutable égide que les *confréries* crûrent et se multiplièrent ; les catastrophes et les passions du moment, au lieu de les anéantir, leur firent au contraire une prospérité que décupla la tendance du clergé vers les arts libéraux et spécialement vers l'architecture.

Les couvents comme initiateurs, les francs-maçons comme auxiliaires des couvents, voilà, pensons-nous, les principales causes du développement que prit l'architecture pendant les treizième, quatorzième et quinzième siècles. Nous avons dit la puissance et l'action du clergé, la grandeur de ses conceptions, la persévérance de sa mise en œuvre; quel que fût son but, quel qu'aient été les moyens employés, le résultat n'en a pas moins été l'un des plus considérables qu'on puisse rencontrer dans l'histoire.

La franc-maçonnerie se montra digne de comprendre et de traduire les vastes desseins du clergé. Avant le douzième siècle, elle végétait inoccupée, et son passé, qu'elle s'efforçait de faire remonter à la construction du temple de Salomon, était resté, faute de direction, faute peut-être d'ouvrage, obscur et stérile. Mais dès qu'elle se sentit appuyée sur le bras robuste de l'Eglise, elle se réveilla et s'éleva tout d'un coup à une hauteur surprenante ; dans tout le ressort du catholicisme elle devint un pouvoir ; pouvoir d'autant plus fort qu'il affectait de ne relever que du pape. Le pape, en échange de cette suzeraineté, soutenait énergiquement ces missionnaires de l'art et mettait son orgueil dans leurs succès. Cette protection les accompagnait partout, souvent au grand dommage des lois et règlements locaux ; ils s'établissaient dans une province, leur diplôme à la main, et s'y constituaient comme un Etat dans l'Etat tout le temps que durait le travail entrepris. Ils étaient exempts des corvées, dîmes, contributions et autres obligations imposées aux habitants des pays qu'ils occupaient ; ils y apportaient leurs coutumes, leurs mœurs, sans s'inquiéter du trouble qu'ils causaient : ils sentaient que l'impunité leur était acquise. Personne n'avait le droit de se mettre en concurrence avec eux, et nul n'eût osé affronter, en leur résistant, les foudres de l'Eglise.

Du reste, leur savoir et leur habileté étaient tels qu'à peine avaient-ils besoin de cette puissante recommandation pour obtenir des travaux : dès qu'un prince, une ville ou une province décidaient l'érection d'un édifice, c'est au monastère le plus renommé dans ce genre d'ouvrages qu'on avait recours; le supérieur faisait dresser les plans par ses moines, francs-maçons eux-mêmes pour la plupart, et les livrait ensuite aux corporations spéciales qui exécutaient.

Les francs-maçons jouissaient dans toute l'Europe d'une considération que l'étrangeté et le mystère de leurs cérémonies ne contribuaient pas peu à grandir; de nombreux aspirants les entouraient sans cesse : être admis dans leurs rangs paraissait, même aux gens de haute condition, une faveur enviable; les souverains, les évêques, les abbés tenaient à honneur de se dire leurs confrères. Des examens sérieux masqués de simagrées bizarres étaient cependant obligatoires; les conditions en étaient, à vrai dire, fort complaisantes lorsqu'il s'agissait de recevoir un membre honoraire de haut parage, mais elles retrouvaient toute leur rigueur quand on avait affaire à un simple *compagnon*, le candidat devant subir un scrupuleux interrogatoire sur toutes les branches de l'art qu'il voulait cultiver; si c'était un *maçon*, il était obligé de répondre sur la coupe des pierres, la charpente, la théorie des poussées, la résistance des matériaux; de plus il devait produire, sans aucune assistance et enfermé dans la maison d'un *maître*, un *chef-d'œuvre* qu'on soumettait à l'appréciation de trois jurés, et ceux-ci, dont la constante préoccupation était de ne point laisser s'avilir leur art, montraient toujours dans leur jugement une salutaire sévérité; le *compagnon* qui avait satisfait à toutes les conditions de l'épreuve passait *maître* lui-même. Avec une telle complication de difficultés dans les examens on ne s'exposait guère à admettre un ignorant.

Les différentes confréries professaient entre elles une espèce de solidarité qui doublait leur action; en se plaçant d'elles-mêmes hors la loi commune, elles avaient compris la nécessité de resserrer les liens qui unissaient leurs membres entre eux. Elles poussèrent le génie de l'association jusqu'à se créer un système de correspondance qui, dans un temps où les communications étaient si laborieuses, fonctionnait avec une incroyable régularité. Leurs habitudes de locomotion perpétuelle, en les mettant chaque jour en contact avec des populations nouvelles et en les conduisant dans des pays inconnus, les jetaient parfois, en dépit des bulles pontificales, dans des difficultés que seuls ou en petit nombre les francs-maçons n'auraient pas toujours pu vaincre; aussi s'étaient-ils créé un langage mystérieux formé de signes étranges, au moyen desquels ils pouvaient se révéler sûrement à leurs frères. Cela avait, cela porte encore, dans le *compagnonnage* moderne, un nom touchant; cette cérémonie singulière, presque grotesque, qui n'échappe au ridicule que par la beauté de son sens, s'appelle le *devoir*.

Le *devoir*, c'était la communion de ce rite bizarre; on faisait le *devoir* chaque fois qu'il fallait s'entr'aider, fraterniser; chaque fois qu'un membre de la corporation avait besoin du secours des autres. Le franc-maçon dans la détresse, attaqué par des bandits ou querellé par des hommes d'armes, poussait certain cri d'une intonation particulière, et quiconque appartenait à la confrérie était tenu de tout quitter pour voler à sa défense. Parfois, sur un geste imperceptible échappé à l'un d'eux, l'assailli et l'assaillant remettaient subitement la dague au fourreau et se donnaient la main ; ils s'étaient reconnus *frères;* ils étaient sacrés l'un pour l'autre.

Il y avait des corporations fixes qui ne travaillaient que pour leur ville ou pour leur province ; d'autres parcouraient l'Europe et plantaient leur tente partout où quelque monument religieux se présentait à construire ; l'œuvre terminée, ils se levaient et partaient. Ordinairement ils étaient accompagnés ou précédés de missionnaires chargés de préparer les voies, d'éveiller le zèle des populations et d'accroître les ressources.

Nous avons dit de quelles précautions infinies les corps maçonniques entouraient l'admission des nouveaux venus dans leurs rangs; une fois accepté et initié aux secrets de la corporation, le *frère* ne s'appartenait plus; quoiqu'en droit il fût l'égal de chacun, il était soumis néanmoins à une rigide discipline et à une hiérarchie inflexible. Le *maçon* convaincu d'avoir divulgué les secrets de son art était jugé par ses pairs et condamné à mort; et alors, nulle grâce à espérer, nulle fuite possible; les mille bras qui se fussent tendus vers lui au jour du danger pour le secourir se levaient à la fois pour exécuter l'inexorable arrêt; et dans quel lieu du monde, si reculé, si caché qu'il fût, où se réfugiât le misérable, il était frappé sûrement avec la foudroyante rapidité des Sainte-Véhémes d'Allemagne.

Les confréries furent d'abord composées exclusivement d'Italiens; mais peu à peu les Allemands et les Français furent introduits, puis les Flamands, et enfin les Anglais; bientôt elle forma une véritable nation qui se dispersa par l'Europe. Alors la franc-maçonnerie put montrer tout ce quelle avait de vie et de fécondité; les chefs-d'œuvre jaillirent de ses mains et peuplèrent jusqu'aux contrées les plus reculées; les cathédrales, les abbayes, les monuments civils, s'élevèrent comme par enchantement; des villes entières furent transformées. Les congrégations religieuses, enrichies d'un côté par l'aliénation des biens des croisés qui voulaient assurer, avant de partir, le salut de leur âme, d'un autre côté par les dons innombrables faits à Dieu, par ceux qui restaient pour le succès de l'entreprise, les congrégations firent merveille avec les confréries qu'elles avaient à leur dévotion. L'ogive venait de paraître; tous ceux qui se préoccupaient de l'art, gênés si longtemps par les formes craintives du roman, la saluèrent avec enthousiasme, et la franc-maçonnerie, joyeuse d'avoir enfin trouvé où déployer sa science, se jeta à corps perdu dans le nouveau style.

Les premières églises gothiques construites dans le Nord affectèrent une simplicité outrée ; elles répudièrent les ornements comme frivoles, et pour se faire dignes elles se firent froides. On ne tarda pas à se lasser de cette rigidité ; les sculpteurs et les ornemanistes pénétrèrent de nouveau dans les édifices et parvinrent rapidement à une grande perfection. Cet art de l'ornementation, qui devint bientôt le complément nécessaire de l'architecture gothique, resta longtemps dans ses tâtonnements; il dut se créer des méthodes et des principes en harmonie avec les formes nouvelles; il lui fallut trouver des motifs qui fussent de la famille de l'angle aigu. Aussi les sujets gracieux, les lignes arrondies, la flore épurée que les chapiteaux romans avaient empruntés aux temples païens furent-ils rejetés avec dédain ; la feuille de houx supplanta l'antique feuille d'acanthe, le chardon chassa le laurier, le bœuf et la chèvre des entablements grecs disparurent, et la plus étrange population de griffons, de salamandres, de bêtes horribles et sans nom prit leur place. Les figures humaines revêtirent elles-mêmes une apparence surnaturelle ; on logea dans les niches innombrables des cathédrales des personnages fluets, étirés, filandreux, et qu'on croirait passés par la même filière que les longues colonilles des piliers. Puis toute cette décoration, après n'avoir servi que d'embellissement, finit par prendre un autre sens. Les diverses congrégations religieuses, bien que liées entre elles par la discipline dont le centre était à Rome, se jalousaient souvent les unes les autres; elles ne s'épargnaient ni les tracasseries, ni les injures, et nulle n'omettait d'introduire dans l'ornementation des églises qu'elle faisait construire la caricature des moines rivaux. Ajoutons que les mœurs d'alors admettaient volontiers certains procédés de critique dont l'indécence ferait rougir jusqu'aux oreilles notre bienséance moderne; c'est ainsi qu'on retrouve dans tous les monuments religieux du moyen âge, et même dans le plus récent, le plus aristocratique, Notre-Dame de Brou, des scènes d'un caractère singulier pour un temple de Dieu.

Dès ses premiers pas, nous l'avons dit, l'ogive fut adoptée avec empressement par tous les peuples du Nord; le profil élancé qu'elle donnait aux voûtes, la légèreté qu'elle permettait aux appuis, la forte inclinaison qu'elle assurait aux toitures, convenaient aux climats sombres et neigeux mieux que les formes écrasées du plein cintre; mais il n'en fut pas de même dans le Midi, où les défauts du roman se faisaient moins sentir, et où il ne céda pas facilement sa place. En Provence, par exemple, sa résistance fut opiniâtre, et en Italie il ne tomba que devant la Renaissance.

Le style ogival appartient donc essentiellement aux pays septentrionaux; c'est chez eux seulement qu'il a parcouru régulièrement toute sa carrière; il appartient de même à une période parfaitement déterminée et qui commence au treizième siècle pour finir avec le quinzième. On découvre bien des traces d'ogives antérieures à cette époque, on en rencontre de nombreuses postérieures, mais celles-là sont le pénible travail de la croissance, celles-ci les convulsions de l'agonie.

Nous n'entreprendrons pas d'énumérer les milliers de monuments admirables qui, malgré les guerres, les révolutions et l'hostilité des écoles modernes, semblent encore regarder avec dédain, du haut de leurs tours et de leurs clochers, les platitudes architecturales de notre siècle. Le récit des triomphes du style ogival n'est pas de ceux qu'on puisse tracer sur le papier; il est écrit sur les façades de nos vieilles cathédrales; c'est là qu'il est éloquent et qu'il le faut aller lire; le moyen âge a pris soin de le multiplier avec une telle abondance, qu'il est bien peu de bourgades obscures qui n'en possèdent quelque magnifique et vénérable exemplaire.

Un mot seulement sur la topographie générale de son œuvre.

On ne sait où fut placé le berceau de

l'architecture ogivale ; la France, l'Angleterre, l'Italie et l'Allemagne le réclament et fournissent chacune des preuves irréfutables de paternité : « Voyez nos monuments, disent les Anglais, ne portent-ils pas, dans leur sévère et presque rudimentaire simplicité, le cachet d'un art naissant? » — « Prenez les dates, répondent les Français, vous verrez que nulle part on ne rencontre de plus anciens vestiges de l'ogive que chez nous. » — « N'est-ce pas de Rome, ajoutent les Italiens, que sont parties les premières corporations de francs-maçons, et n'est-il pas vraisemblable que c'est à eux que l'on doit l'idée première du style gothique, dont nous nous soucions peu d'ailleurs, n'étant point barbares? » — « Consultez nos chroniques, ripostent les Allemands, vous y trouverez que Bernward d'Hildesheim prêchait l'ogive bien avant qu'il en fût question ailleurs, et puis qui dit style gothique dit style allemand; rien n'est plus clair. »

Il ne nous appartient pas de décider entre ces compétitions diverses; remarquons seulement que chacune des nations rivales a donné à son architecture ogivale un caractère particulier.

Les églises anglaises sont en général graves, sobres d'ornements jusqu'à la nudité, et d'une froideur glaciale; elles étaient prédestinées au protestantisme. De plus, presque toutes manquent d'unité; on sent qu'une perpétuelle indécision a présidé à leur construction, et que leurs architectes, trop attentifs à ce qui se faisait de nouveau dans les pays voisins, ne s'appliquaient qu'à l'importer chez eux au grand détriment de l'homogénéité. Les magnifiques cathédrales d'York, de Lincoln, de Westminster sont d'excellents témoignages de cet éclectisme.

En Allemagne, au contraire, et en Belgique, ce qui préoccupe avant tout le maître de l'œuvre, c'est l'unité, l'individualité de l'édifice ; la première pierre n'est jamais posée avant que le plan soit tracé et, jusqu'au moindre détail, irrévocablement arrêté. Une fois la construction commencée, nulle modification n'est admise, durât-elle cent ans, eût-elle vingt directions différentes, pas une ligne n'était changée au dessin primitif ; aussi est-il possible d'assigner des noms d'auteurs aux cathédrales d'Allemagne, ce qu'il est difficile de faire pour les autres. La vanité propre aux maîtres allemands était de construire plus grand, plus élancé, plus audacieux que leurs confrères ; c'était de donner aux murs une transparence aérienne et aux flèches une hauteur vertigineuse. Telle fut cette émulation de hardiesse, que presque toutes les églises d'Allemagne passent pour avoir une origine surnaturelle. On connaît la légende d'Ervin de Steinbach à qui le diable vendit au prix de son âme le plan de la cathédrale de Strasbourg.

L'Italie ne fit du gothique qu'à son corps défendant; à peine eut-elle le temps de s'y livrer entre la disparition du plein cintre roman et l'apparition du plein cintre Renaissance. Les édifices strictement gothiques sont à peu près introuvables dans l'Italie centrale et méridionale ; si l'on découvre des symptômes d'ogive au Baptistère de Pise, au Dôme de Sienne, à Sainte-Marie des Fleurs de Florence, le sentiment grec y prédomine toujours ; il faut revenir jusqu'en Lombardie pour trouver dans sa plénitude la *maniera tedesca*. Ce que cette *maniera tedesca* devint entre les mains des Italiens, il faut l'aller voir à Milan dans la miraculeuse cathédrale de marbre, éblouissant colosse de pur carrare avec ses onze cents aiguilles et ses six mille statues qu'on croirait découpées dans un bloc de neige. C'est le seul monument ogival de la péninsule ; les Italiens, hostiles en général au style gothique, semblent avoir voulu prouver par cette prodigieuse exception que nulle forme de l'art ne pouvait leur rester étrangère ; ils ont prouvé plus peut-être qu'il n'eussent voulu ; qui oserait en effet, sans hésiter, mettre le Dôme de Milan au-dessous de Saint-Pierre de Rome?

C'est en France que l'architecture ogivale a parcouru le plus complétement et le plus régulièrement sa carrière ; on l'y voit poindre, pénétrer d'abord dans les églises romanes en construction, Autun, Sens, Poitiers; puis se répandre, envahir ville par ville, village par village, les édifices civils aussi bien que les monuments religieux, décroître ensuite, passer par toutes les variations de style pour aboutir au *flamboyant*. Il n'est pas à l'étranger de monument gothique qui n'ait son analogue en France. La sévérité des cathédrales anglaises se retrouve par exemple dans l'église abbatiale de Saint-Denis; la hardiesse, la pureté, l'homogénéité des édifices allemands, dans les admirables basiliques de Paris, d'Amiens, de Rheims, de Beauvais et dans cent autres; la richesse et la fastueuse ornementation flamandes, à Dijon, à Saint-Jean de Lyon (1), à Brou enfin. Le seul Dôme de Milan n'a son pareil nulle part; mais il faut être Milan pour se permettre des monuments dont chaque moellon est un bloc de pur marbre statuaire.

Vers la fin du quinzième siècle l'art ogival entra dans sa période de déca-

(1) Chapelle dite *des Bourbons*.

dence. Depuis quelque temps un adversaire s'était levé devant lui, adversaire redoutable, car ses armes étaient les mêmes dont l'ogive s'était servie la première : la nouveauté, les tendances religieuses du jour, l'état politique de l'Europe; et ses apôtres s'appelaient Brunelleschi et Michel-Ange.

Cet adversaire, c'était la Renaissance.

Il faut dire en quel état se trouvait l'Europe au moment où s'alluma cet incendie qui, en épurant tous les autres arts, devait consumer jusqu'au dernier vestige de l'architecture religieuse.

C'est du milieu du quinzième siècle que jaillit l'étincelle. Le monde, bouleversé depuis tant d'années par des luttes sanglantes et sans issue, commençait à respirer; la reddition de Bordeaux par les Anglais venait de terminer l'éternelle guerre entre la France et l'Angleterre et de donner le signal d'une paix durable; l'imprimerie était née; le moyen âge était fini.

A cet instant de repos universel, il y eut comme une explosion d'intelligence ; l'esprit humain, si longtemps cloîtré, fut pris d'un enivrement de liberté; sans cesse replié sur lui-même, comprimé par l'étroite protection des couvents, il avait fini par s'engourdir et sommeiller; mais, lorsque vint le moment du réveil, il se leva tout d'un coup, impétueux, affamé, cherchant autour de lui de quoi réparer son jeûne de trois siècles : *Quærens quem devoret*.

Justement, à cette époque, la prise de Constantinople par les Turcs venait de chasser, sur l'Italie et le Nord, toute une population de Grecs chargés de manuscrits, de traditions, des mille trésors de leur antiquité. On se précipita sur cet aliment inespéré; il se fit en Grèce, en Italie, jusqu'en Asie, une battue générale pour découvrir les précieux restes des civilisations anciennes ; les arts et la littérature du temps de Périclès furent pris pour types exclusifs; tout ce qui n'était pas grec, de près ou de loin, fut proclamé barbare et sauvage au premier chef.

Le mouvement fut irrésistible ; ni les guerres d'Allemagne qui survinrent, ni les expéditions de Naples et du Milanais ne purent l'arrêter; le torrent avait débordé, nulle puissance humaine n'eût su le faire rentrer dans son lit.

Par un de ces hasards que la Providence se plaît à créer lorsqu'elle a résolu de changer l'état intellectuel du monde, jamais les lettres, les arts et les sciences n'avaient été plus splendidement représentés; les cours italiennes regorgeaient d'artistes, de poëtes et de savants ; chaque jour révélait un génie nouveau, chaque prince avait sa pléiade, et il fut donné à cette époque sans pareille de voir réunis dans la même ville, attachés au même souverain, deux hommes dont un seul eût suffi à la gloire d'un siècle : Raphaël Sanzio et Michel-Ange Buonarotti.

C'est qu'aussi jamais les artistes, les poëtes et les savants n'avaient été plus recherchés, plus fêtés, plus applaudis; les princes italiens se disputaient un grand peintre ou un grand poëte avec tout l'acharnement qu'ils eussent mis à conquérir une province; on luttait à coups de chefs-d'œuvre, et il n'était pas de sacrifice qu'on ne fît pour recruter des combattants.

Le véritable sanctuaire de l'art était à Rome, Rome de Jules II et de Léon X; c'est de là qu'armée de toutes pièces partit la Renaissance. Le premier, le fougueux Julien de la Rovère, grand prince et plus grand artiste, avait partagé sa vie entre deux tâches gigantesques : l'indépendance de la papauté et le rétablissement des lettres et des arts. Il passa son règne à défendre casque en tête et l'épée au poing le trône de Saint-Pierre. L'impétueux pontife s'était trompé de date : les beaux jours de la première croisade étaient loin, le pouvoir temporel déclinait; Jules II se brisa contre la tiédeur des souverains catholiques et l'insubordination des croyances, il mourut à la peine. Mais s'il échoua dans ses projets politiques, sa puissante activité, son goût éclairé pour les arts, la culture admirable qu'il en fit, lui donnent d'impérissables titres à la postérité, et c'est justement que son nom doit être inscrit à côté de ceux de Bramante et de Michel-Ange au fronton de Saint-Pierre de Rome.

La cour épicurienne de Léon X acheva, en le polissant, le rude travail ébauché par la cour belliqueuse de Jules II; Léon X, pape d'esprit, homme de plaisirs et de paix, complétait Jules II, pape de génie, homme de labeur et de guerre. Si différents de goûts et de caractère, tous deux avaient la même passion dominante, indomptable, à laquelle ils eussent sacrifié la tiare : la passion du beau. Ils furent les deux parrains de la Renaissance.

La Renaissance se manifesta tout d'une pièce; elle eut sa littérature, sa philosophie, sa peinture, sa statuaire et son architecture; le tout coordonné de façon à ne laisser aucune place pour ce qui ne dérivait pas d'elle. Le style gothique fut victime de cette organisation et de l'intolérance qui en était la conséquence inévitable; la loi nouvelle ne pouvait faire une exception pour lui : il dut périr.

Mais il ne tomba point sans une vigoureuse défense, défense d'autant plus glorieuse que tout se réunit pour l'accabler. Il n'eut pas seulement à combattre l'ennemi qui lui venait d'Italie, il lui fallut encore lutter contre sa propre consomption. Depuis que la papauté était mise en question, sa tutelle devenait à peu près illusoire pour la franc-maçonnerie; les subventions furent supprimées, l'excommunication n'avait plus aucun crédit; déjà, bien avant le pontificat de Jules II, les confréries ne devaient plus rien attendre de la cour de Rome. Aussi, vers la fin du quinzième siècle, le trouble se mit parmi elles; les corporations se dispersèrent, et avec elles la science profonde des appareils et de la pondération des masses, les théories de la hardiesse et de la légèreté, tout ce qui constituait l'art ogival. Dans nombre de royaumes on les persécuta; on s'aperçut, après plusieurs siècles d'exercice, que leurs coutumes étaient illégales et leurs pouvoirs exorbitants ; on ne vit dans les francs-maçons que les émissaires du pape ; on oublia qu'ils avaient fait la richesse monumentale de l'Europe.

Beaucoup de francs-maçons rentrèrent dans la vie privée et changèrent de métier; d'autres apostasièrent et firent de l'architecture grecque; quelques-uns se vouèrent à la conservation de leur art comme d'une religion; mais leurs rangs s'éclaircirent chaque année, et le jour où Marguerite d'Autriche appela les débris des confréries à la construction de son église, tous les pays de l'Europe durent se cotiser pour les lui fournir.

L'art ogival était donc condamné, même avant que l'invasion de la Renaissance lui eût porté le dernier coup. Entre le premier pas qu'il fit vers la chute et le moment où il rendit le dernier soupir, se place la modification qu'on nomme le style *flamboyant*.

L'architecture de la Renaissance pénétra en France sous le patronage de Georges d'Amboise. Les expéditions de Louis XII avaient rompu la barrière qui séparait l'art français de l'art italien. Le cardinal, émerveillé de ce qu'il avait vu à Milan, voulut attirer à lui quelques-uns des maîtres dont l'Italie surabondait; il tenta Léonard de Vinci, le grand peintre, le grand ingénieur et le grand architecte; Léonard de Vinci résista (pour céder plus tard à François Ier); il se rabattit sur le dominicain fra Giocondo, et c'est avec celui-là que la Renaissance passa les Alpes.

Quand la Renaissance parut en France, elle trouva l'ogive sous les armes. Le style gothique n'avait plus les grandes lignes et la naïve simplicité du quatorzième siècle, il était devenu le style *fleuri*. Lorsque la Renaissance se montra avec ses allures italiennes, ses colonnes torses, ses chapiteaux de bronze, ses médaillons de marbre multicolores, ses anges bouffis et ses nuages dorés, elle trouva l'ogive, la grave et sombre ogive, transformée en quelque chose de gai, de gracieux, de souriant ; les lignes inflexibles arrondies ; les surfaces monotones, disparues sous une végétation de pierre d'un ouvrage infini ; les angles, émoussés ; les formes ascétiques, humanisées ; l'ogive avait fait d'avance toutes les concessions que commandait la présence de son adversaire. Mais la lutte n'était pas possible ; après un moment d'hésitation durant lequel l'art ogival eut le temps de produire, dans un monstrueux accouplement avec la Renaissance, quelques édifices bâtards et infirmes, il tomba pour ne plus se relever.

Nous sommes en 1511.

IV

DESCRIPTION DE L'ÉGLISE

Notre-Dame de Brou est une église de moyenne grandeur : elle a 102 mètres de longueur de la porte d'entrée au chevet, 30 de largeur et 20 de hauteur sous voûte; sa forme est celle de la croix latine ; elle a cinq nefs et un jubé.

Le premier regard jeté sur la façade nous remplit à la fois de surprise, d'incertitude et d'admiration; rien n'accuse plus clairement l'état d'affaissement où se trouvait l'art ogival lorsque Marguerite d'Autriche résolut de lui demander cette dernière manifestation; c'est une sorte d'accommodement entre le style naissant et le style déchu, souvent aux dépens de l'élégance et du bon goût. L'architecte a essayé de cacher ce compromis sous un excès d'ornements d'une incroyable délicatesse, sans réussir à autre chose qu'à effacer davantage l'individualité de son œuvre. L'âme sollicitée par une attraction invincible, par on ne sait quel air de mélancolie qui fait vivre et frissonner la pierre, l'âme reste pourtant hésitante et troublée; l'œil, dérouté par l'incohérence de l'ensemble, se réfugie dans les détails; l'esprit fatigué de chercher une harmonie dans ces surfaces équivoques, une unité parmi ces lignes indisciplinées, préfère s'arrêter sur les merveilleuses ciselures qui déguisent la difformité des masses.

Cependant il faut bien trouver quelque ordre dans ce désordre, il faut synthétiser cet éparpillement; mais ce n'est pas sans un certain travail qu'on parvient à découvrir, à demi étouffée sous une ornementation effrénée, la conception de l'artiste. Et encore cette conception est-elle si bizarre que ce n'est qu'à force d'hypothèses qu'on parvient à la dégager.

Un corps principal servant de pignon à la nef centrale est flanqué de deux corps latéraux plus petits, mais sensiblement de même forme et répondant aux nefs de côté. Le corps principal se divise en un porche surbaissé, richement décoré à la manière flamande; un premier étage troué de fenêtres ogivales chargées d'arabesques fort compliquées; enfin un pignon supérieur dissimulant la toiture et très-singulièrement orné. Ce pignon, dont il est difficile de décrire l'effet, est un triangle rectiligne par sa base et curviligne par ses côtés supérieurs, qui sont surchargés de fleurons, de choux et de dentelures de toutes formes dessinés sur l'horizon; le centre du triangle est occupé par une rose remarquablement travaillée, et les trois angles comprennent trois autres ouvertures également triangulaires, dont les côtés sont des arcs de cercle, et destinées, comme la rose du milieu, à donner de la lumière dans la nef centrale. Les chercheurs ont voulu voir dans cette disposition l'emblème de la Trinité entourant l'emblème de l'Eternité; autant vaut cette explication qu'une autre; aussi bien l'art n'a rien à voir dans ces calembours qui faisaient les délices de ce temps-là; les *maçons* excellaient à composer ces énigmes de pierre, et les plus indéchiffrables étaient les meilleures; pour nous, celle-ci n'est autre chose que le résultat de l'embarras où se morfondaient les architectes pris entre le gothique et la Renaissance, et dont ils croyaient sortir en se jetant dans des formes excentriques qui ne tinssent ni de l'un ni de l'autre. Nous retrouverons fréquemment dans l'église de Brou ces divagations qui chagrinent l'artiste mais réjouissent l'archéologue, car si elles sont une regrettable erreur de goût, elles fournissent de précieux jalons à l'histoire de l'art.

Les pignons latéraux affectent aussi une forme extraordinaire : deux fenêtres franchement ogivales en éclairent le rez-de-chaussée. Le sommet est percé d'une ouverture de coupe inexplicable ; c'est un caprice de dessin dont le sens nous échappe absolument.

Six contre-forts, gothiques à leurs bases et coiffés de chapiteaux Renaissance, indiquent au dehors les rangées intérieures de piliers.

Nous ne nous aventurerons pas dans la description des ornements dont la façade est écrasée depuis le sol jusqu'au faîte ; malgré quelques mutilations, il en reste encore assez pour confondre l'imagination; l'habileté des *folliagiers* y dépasse les limites du possible; tout ce que l'art flamand a de plus rare et de plus opulent se déroule aux yeux avec une prodigalité qui fait de cette surface un vaste filigrane de pierre. Et cependant, toutes ces richesses ne sont que le prélude de ce que le chœur nous prépare. Déjà le PM entrelacé se détache çà et là sur les nervures du portail comme pour servir d'argument au poëme qui nous attend dans l'intérieur; ces deux initiales, inséparables comme ceux dont elles rappellent le souvenir, nous les retrouverons partout : elles sont accrochées aux cartouches des voûtes; elles courent le long des arceaux; elles se cachent au fond des chapelles; elles apparaissent étincelantes à chaque pas; elles sont la raison, l'âme, la vie de l'édifice; elles servent de refrain aux mille strophes de ce magnifique chant d'amour.

Les statues de la façade ne sont pas d'un mérite égal : le saint André qui domine le porche porte en plein le cachet de la Renaissance; on aperçoit dans cette touche véhémente, dans ces draperies tumultueuses, dans cette science des muscles et des articulations, l'influence de l'école italienne. Les autres figures se débattent dans les froides entraves de la statuaire gothique : on voit bien que leur roideur voudrait s'assouplir, que leurs plis cherchent à s'agiter, que l'inertie leur pèse; mais le souffle de l'art nouveau n'est pas encore assez vigoureux pour animer leur immobilité.

La Renaissance a détruit l'architecture religieuse, et nous ne le lui pardonnerons pas, mais elle a élevé les autres arts libéraux à une hauteur inconnue depuis les grands siècles de Rome et de la Grèce. La Renaissance était essentiellement païenne, aussi tout ce qui tient à la plastique a-t-il approché avec elle de la perfection. Notre-Dame de Brou, tout en conservant autant qu'elle le put les traditions ogivales, accepta avec empressement de la Renaissance la pureté et la rectitude des formes; le saint André de la façade et les admirables statues du chœur procèdent directement de Michel-Ange. Antérieurement au quinzième siècle, le sculpteur n'était guère qu'un accessoire de l'architecte; il était son ouvrier, son esclave, son instrument; il devait prendre sur une niche étroite et efflanquée la mesure de son inspiration; la statue formait une partie intégrante du monument au même titre que le premier venu des moellons; hors de l'ensemble, elle n'était qu'un objet dépareillé et sans valeur. A Brou, on commence à s'apercevoir de la dissidence: on y sent que le statuaire a déjà revêtu une personnalité; le *tailleur d'imaiges* ne travaille plus pour le bon plaisir du *maçon*, mais pour le compte de sa propre gloire; il se reconnaît un mérite intrinsèque, il affirme son initiative, il n'est plus un manœuvre, il est un artiste.

Les statues empruntent à une propriété spéciale de la pierre dont elles sont faites un air de jeunesse surprenant chez des figures âgées de trois cent trente ans. Toute la façade jouit du même privilége; on a besoin du témoignage formel de l'histoire, on a besoin surtout de voir le travail infini que l'église accuse, et qui, à lui seul, révélerait la main d'un autre siècle, pour ne pas la croire terminée d'hier.

Il y a quelques années on a planté sur le parvis, en face de la porte principale, une croix de mission. Nous sommes loin de contester l'utilité des croix de mission, mais nous croyons que, là comme partout ailleurs, la beauté de la forme ne saurait nuire en rien à la majesté du symbole, et nous affirmons qu'on n'a jamais plus cyniquement attenté à la pudeur de l'art que le jour où l'on a dressé devant la merveilleuse façade de Brou ce disgracieux objet. Les croix de mission d'une certaine époque, surtout celles qui datent de la Restauration, ont une architecture à elles, architecture idiote et prétentieuse, qui se croit pourtant pétrie de grâce et d'esprit; elle se figure avoir atteint le dernier terme du joli lorsqu'elle a découpé à jour dans une plaque de fer, avec des détails infinis, tous les attributs de la Passion, échelles, lance, éponge imbibée de vinaigre, couronne d'épines; lorsqu'elle a saupoudré tout cela de cœurs transpercés d'un glaive, de gouttes de sang, de flammes rehaussées d'or, de mille autre subtilités précieuses, et qu'elle a profané par d'ineptes et ridicules enjolivements le plus saint, le plus auguste des emblèmes. La croix de Brou n'a point de rivale en ce genre. La présence de ce chef-d'œuvre de quincaillerie est une insulte permanente à l'ombre de Marguerite d'Autriche; la grande et exquise artiste a dû frissonner de colère dans sa couche de plomb, en voyant quel entourage indigne le dix-neuvième siècle donnait à son œuvre. Il existe pourtant quelque part une commission chargée de conserver les monuments historiques ; nous nous adressons à cette commission et nous lui dénonçons cet acte de vandalisme ; nous demandons qu'à la place de cette difforme serrurerie on mette une vraie croix, une croix de pierre dans le style de l'église, dont elle sera l'harmonieux complément, et si nous obtenons cette justice, nous croirons avoir droit à la reconnaissance de tous les gens de goût.

Jusqu'au jubé l'intérieur de l'église est simple et d'une nudité calculée ; chaque pilier se compose d'un faisceau de colonnettes élancées qui viennent s'épanouir en nervures à la voûte ; de trop larges vitraux, malheureusement incolores, projettent sur la pierre une lumière qu'on voudrait moins blanche ; on y voit comme en plein air, ce qui nuit un peu à l'effet perspectif.

La voûte centrale est en ogive, mais l'ogive de la décadence : la clef s'est affaissée, les reins se sont bombés, l'anse de panier commence à poindre; des cartouches ciselés cachent les points d'intersection des nervures; ce sont des PM entrelacés, des devises énigmatiques ou les armes du prince et de la princesse; on y retrouve aussi fréquemment la devise de la maison de Savoie qui se lit encore aujourd'hui sur le collier de l'ordre de l'Annonciade.

FERT. FERT. FERT.

Les bas côtés seuls conservent le caractère réellement gothique; ils sont plus sévères d'aspect, moins lâches, moins mous que la nef centrale, mais, comme elle, ils sont beaucoup trop éclairés. Les fenêtres, théâtre ordinaire des tours de force des *folliagiers*, valent presque le portail; les baguettes en sont découpées avec une hardiesse extrême; mais là aussi se révèle la dissolution de l'art pur : l'arc de cercle rigoureux a cédé la place à des courbes sans loi dans la géométrie ogivale, le caprice s'est substitué au calcul, le tracé n'a plus d'autre règle que le hasard; la combinaison et l'enchevêtrement de ces lignes finit par produire des dessins sans motif et sans harmonie, mais qui attirent et retiennent l'œil par leur étrangeté.

On a rapporté à l'un des piliers de gauche, dans la grande nef, une chaire en carton-pierre qui jure avec son entourage comme un anachronisme. Ce meuble affiche des prétentions au gothique. Sa conception dénote chez son auteur une profonde ignorance de la statique; qu'on se figure deux anges frêles, élancés, presque diaphanes, debout sur le rebord de la chaire et soutenant à bras tendus l'abat-voix, énorme machine sur laquelle est assis un Christ colossal; le tout roide, gauche, froid et du plus fâcheux classique. On est saisi de commisération pour la position critique de ces infortunés chérubins abaissés au rôle humiliant d'acrobates; cela vous donne des inquiétudes dans les muscles. Comme sculpture, c'est sage, mais fade; les têtes sont nulles et les draperies sentent leur mannequin d'une lieue; sur une pendule de salon, ce serait peut-être gracieux, ici, près des robustes chefs-d'œuvre de la Renaissance, c'est imprudent.

Le jubé reprend votre admiration au point où l'avait laissée la façade : c'est la même profusion d'ornements avec plus d'ordre et de méthode. Les masses sont mieux divisées, l'étude du détail est moins fatigante, on peut suivre plus aisément dans leur mille contours les broderies dont la pierre est surchargée. Le jubé se subdivise en trois arceaux surbaissés reposant sur quatre piliers de section carrée et dont la simplicité contraste avec le luxe de la galerie supérieure ; les arcs disparaissent sous une forêt de stalactites de toutes grandeurs et de toutes formes, on croirait voir ces efflorescences que produit la limaille de fer en se précipitant sur une pierre d'aimant. Les motifs sont les mêmes que dans toute l'église, mais variés avec une inépuisable fécondité ; toujours les PM réunis par l'entrelac obligé, des devises, des armoiries, des fleurs, des fruits fouillés avec un art, une patience et un acharnement inconcevables. Telle a été l'adresse de l'architecte, que, dans cet édifice extraordinaire, chaque pas semble vous mettre en présence de la dernière perfection à laquelle l'homme puisse atteindre, tandis que le pas suivant vous jette dans un étonnement nouveau et vous arrache un redoublement d'exclamations.

On pénètre dans le chœur par une petite porte pratiquée au milieu de l'arcade centrale du jubé. Nul possédant une fibre d'artiste n'en franchira le seuil sans s'arrêter aveuglé du premier regard. Nous ne connaissons point de spectacle plus émouvant que celui du chœur de Notre-Dame de Brou, lorsqu'un beau soleil tamise les brillantes couleurs des vitraux sur les inestimables trésors de bois et de marbre qu'il renferme. C'est quelque chose d'imprévu, de saisissant, comme une vive lumière au sortir de l'obscurité; il y a des levers de soleil qui procurent de ces sensations-là.

La simplicité relative du vaisseau ajoute encore par le contraste à la stupéfaction qu'on éprouve; il faut se souvenir que Brou n'était qu'une chapelle de couvent ; on abandonnait la nef au peuple, le chœur se réservait aux religieux, aux fondateurs et aux personnages considérables ; le chœur était donc la vraie église, c'est à lui que l'art réservait toutes ses richesses, et celles qu'il a repandues sur le temple de Marguerite d'Autriche font presque douter qu'il soit l'ouvrage des hommes.

Les beautés principales du chœur sont les vitraux, les stalles, la chapelle de la Vierge et les mausolées.

Les murs sont décorés dans le même sens que la façade et le jubé, avec moins d'excès et plus de goût, toujours avec le même fini d'exécution. Les parois de l'abside sont entièrement nues, leur seule décoration est une moulure courant à hauteur d'homme tout autour de l'autel ; de cette moulure se détache, à jour, par un prodige d'adresse et de légèreté, la plaintive devise de Marguerite. Les *maçons* de Brou ont montré là quelle exquise délicatesse d'intentions ils savaient joindre à leur miraculeuse habileté ; on est moins frappé peut-être du travail surhumain des mausolées que de cette simple inscription, seul et inimitable ornement du sanctuaire :

FORTVNE. INFORTVNE. FORT. VNE.

Les vitraux sont des plus parfaits et des mieux conservés que l'on connaisse ; ils appartiennent à l'époque où la peinture sur verre comptait parmi les plus honorés des arts libéraux, et ils s'en ressentent. Les sujets sont la présentation à Dieu par leurs patrons, de Philibert et de Marguerite, puis l'interminable collection des armes de leurs ancêtres.

Les stalles seraient le plus fabuleux travail qu'on puisse imaginer si elles n'étaient voisines des mausolées. Nous ne tenterons pas d'en raconter l'innombrable détail; les personnes curieuses de connaître une à une les figures dont elles sont peuplées consulteront le père Rousselet, dernier prieur de Brou, qui en donne l'énumération, dans son *guide*, avec la fidélité d'un inventaire. Mais ce qu'aucun livre ne saurait vous inspirer, c'est le profond sentiment de vénération qu'on ressent, en présence d'une telle œuvre, pour les hommes qui l'ont conçue et exécutée; c'est immense comme un dénombrement d'Homère, et pourtant le nom d'aucun de ces rapsodes n'est parvenu jusqu'à nous. Ces humbles ouvriers ont laissé après eux un chef-d'œuvre désespérant de perfection, sans se douter d'avoir fait autre chose que gagner leur pain quotidien.

Il y a quarante-deux stalles, chacune adossée à un panneau dont la seule ornementation suffirait à toute une église. La décoration de la façade et du jubé s'y répète en miniature ; chaque panneau est séparé de son contigu par un système de quatre colonnettes à bases gothiques, à fûts coudés et couverts de feuillage où le règne végétal semble avoir épuisé son infatigable variété. Les centres des panneaux sont occupés par une sorte de niche abritant un personnage de l'Ancien Testament ; la même disposition est répétée d'un bout à l'autre des boiseries. Un dais ciselé en plein bois et que la plus fragile pièce d'orfévrerie ne saurait surpasser en finesse et en transparence règne à la partie supérieure et couvre le second rang de stalles.

Les séparations et les banquettes des siéges sont habitées par une foule d'êtres baroques qui nous rejettent en plein moyen âge. Les statuettes des panneaux, d'un style relativement très-élevé, forment un singulier contraste avec les figures des régions inférieures ; il y a là-dessous toute une population hideuse, lascive, échevelée, qui s'agite et mime des dialogues obscènes : un singe à cheval sur une cloison fait d'horribles grimaces à un moine juché sur la cloison voisine, lisant son bréviaire ; un soudard à mine effroyable, barbe hérissée, casque bossué, cuirasse trouée, jette quelques brocards de corps de garde à une Eve accroupie et grelottante, qui cache en frissonnant, moins de pudeur que de froid, ses mains sous ses aisselles ; plus loin une vierge folle, sans autre vêtement qu'une tête de mort qu'elle tient entre ses cuisses, tire la langue à un bon religieux effarouché, dont le capuchon laisse passer d'énormes oreilles d'âne ; un capucin étreint amoureusement dans ses bras une outre, d'où le vin jaillit à flots dans sa bouche ; un autre fustige à tour de bras une femme nue comme la Vérité, et qui lui mord le talon ; un troisième tire le diable par la queue, ce qui démontre l'ancienneté de cette métaphore d'un usage si lamentable et si fréquent encore de nos jours. Sous les banquettes, le grotesque redouble ; les groupes prennent les allures d'une licence repoussante, la satire ne connaît plus de frein : rien de respectable, ni le prêtre, ni le souverain, ni la femme, n'échappe à cette caricature immonde ; mais c'est le clergé séculier, surtout, qu'elle aime à flageller, tous les vices lui sont attribués, tous les ridicules lui sont dévolus, c'est sur lui que s'épanche avec le plus de verve et d'acharnement la joyeuse ou la mauvaise humeur de l'artiste ; et par une bizarrerie, ou plutôt par une audace étrange, c'est au milieu même du sanctuaire, dans sa propre maison, sous le siége où il dut s'asseoir, que la critique le vient mordre avec le plus de frénésie et d'intempérance.

Il faudrait la plume de Théophile Gautier pour décrire ce qu'on éprouve d'enthousiasme en face de ce morceau de bois taillé; si Théophile Gautier avait vu Notre-Dame de Brou, il aurait fait pour elle ce qu'il a fait pour Saint-Marc de Venise et pour la cathédrale de Burgos; mais il lui eût bien fallu dépenser jusqu'à la dernière épithète de son intarissable vocabulaire; nul autre que lui ne pourrait faire passer devant les yeux des lecteurs ces monceaux d'ornements, de devises, de fleurs, d'entrelacs qui se pressent, s'accumulent, se superposent de façon à transformer le chêne, cette matière si rebelle au ciseau, en une véritable guipure de bois.

Le chœur est occupé par trois mausolées : celui de Marguerite de Bourbon, à droite, encastré dans la muraille ;

celui de Philibert, au milieu; et celui de Marguerite d'Autriche, adossé à l'un des piliers de gauche.

La statue de la princesse de Bourbon a une excellente touche funéraire; elle est de marbre blanc, couchée sur une table de marbre noir, les mains jointes et les pieds appuyés sur la levrette traditionnelle. Quatre génies l'environnent soutenant des emblèmes et l'écusson de la maison de Savoie. La cavité qui sert de niche à ce tombeau est intérieurement hérissée d'une infinité d'efflorescences ciselées qui lui donne l'aspect d'une géode cristallisée en aiguilles; tout alentour de petites statuettes de reines et de sibylles, modelées à la manière de Benvenuto Cellini, sont logées sur des consoles; en contre-bas de la table funèbre, blotties dans leurs alvéoles, de mignonnes petites pleureuses cachent sous leurs capuchons baissés quatre jolies figures d'albâtre inondées de larmes; le succès de ce tour de force de *tailleur d'imaiges* est immense auprès de toutes les âmes sensibles; les militaires de la garnison l'ont en grande estime et s'attroupent volontiers alentour.

Le tombeau de Philibert le Beau est sans contredit le joyau le plus précieux de ce magnifique écrin : le prince couvert de son armure, revêtu du manteau ducal à revers d'hermine, est étendu sur une dalle de marbre noir, sa tête couronnée repose sur un coussin brodé; son épée est à son côté, le collier de l'Annonciade descend sur sa poitrine et son éperon à large molette retombe sur le flanc d'un lion docilement couché à ses pieds. Cette figure, chef-d'œuvre de Conrad Meyt, pourrait être signée des plus grands noms italiens de l'époque; c'est bien là le beau, brave et robuste duc Philibert, le fort chasseur et le preux chevalier, on ne saurait s'en faire une autre image. L'exécution est d'une énergie et d'une science anatomique à rappeler le divin Buonarotti. Rien n'est, à notre avis, monotone comme les statues horizontales dont on chargeait les tombeaux du quinzième et du seizième siècle ; outre quelles se ressemblent toutes, elles sont en général fort mal commodes à examiner ; mais celle-ci a une si grande tournure, un air si vaillant et si déterminé qu'elle attire invinciblement. Tout autour du prince, des enfants irréprochables de structure et de proportions supportent, qui son casque de bataille, qui ses gantelets, qui son sceptre, qui sa masse d'armes, et se lamentent à fendre le cœur le plus endurci. Sous la table de marbre et dans une espèce de petite cathédrale d'albâtre qui lui sert de socle, on voit une autre figure du prince, de même grandeur et de pareille attitude, mais froide, décharnée et dans l'horrible nudité du cercueil. Le corps du souverain porte sur le pavois avec tout son attirail de guerre, superposé au cadavre de l'homme dénué des insignes et des vanités de sa puissance; c'est là une antithèse familière aux artistes du seizième siècle, et les grands eux-mêmes aimaient à se donner de ces leçons de philosophie posthume.

Nous n'essayerons pas la description du piédestal de ce mausolée ; il n'est pas permis de pousser plus loin l'art de manipuler la matière; nous renonçons à apprécier la somme de travail enfouie dans ce bloc de marbre de quelques pieds cubes. Signalons cependant les statuettes nichées dans les piliers de cette espèce de cloître; ce sont de vraies petites merveilles de grâce et de modelé. On trouverait peut-être leur pareille dans l'œuvre de Pradier ou dans l'atelier de Vital-Dubray, mais encore faudrait-il chercher.

Le mausolée de Marguerite d'Autriche dépasse en immensité tout ce que nous venons de parcourir; ici pourtant, il faut l'avouer, l'ouvrier est allé trop loin; on n'admire plus, on est effrayé; le regard se promène à travers un incalculable amas d'ornements qui se disputent l'attention sans pouvoir la fixer; la vue se trouble, la lassitude arrive avant l'admiration. Mais si l'œil parvient à s'arrêter sur une feuille de cette formidable végétation, s'il détaille isolément les perfections de cet atome, s'il examine par quelle gigantesque synthèse la réunion de ces infiniment petits parvient à former un tout, la fatigue fait place à une vénération sans bornes pour les hommes extraordinaires qui en laissant après eux un tel ouvrage ont dédaigné de le signer.

Nous omettrons donc le travail des *folliagiers* et nous ne parlerons que de celui des sculpteurs.

La princesse, couronne impériale en tête, les mains croisées sur la poitrine, repose sur un carreau de brocart; on s'arrête avec respect devant ce front pur et rayonnant d'intelligence où s'élaborait la paix de l'Europe; ce n'est point une beauté; la joue est trop ronde, le nez trop gros, il y a trop de Hapsbourg dans la lèvre supérieure; mais l'ensemble est calme, doux et grand. Comme au tombeau de Philibert, pendant qu'elle dort sous son dais d'albâtre dans tout l'appareil de sa souveraineté et de sa gloire, son cadavre échevelé gît, couvert d'un linceul, dans une sorte de caveau funèbre pratiqué sous le lit ducal. Les chroniques locales, trop silencieuses sur les noms des grands artistes de Brou, nous ont conservé ceux des auteurs de ces deux figures : ils se nommaient Aimé Picard et Jean Rollin.

Il existait autrefois, dit-on, un quatrième tombeau, celui de Laurent Gorrevod, sorte de ministre qui régnait pour Marguerite d'Autriche sur son duché de Bresse et dirigeait les travaux de construction de l'église. Ce mausolée était en bronze; la Révolution en a fait des canons.

La chapelle de la Vierge, placée au fond de la nef latérale de gauche, n'est pas moins étonnante que le reste par la prodigieuse habileté et la grâce infinie de l'exécution; mais la conception en est puérile. On peut s'en figurer l'aspect en se rappelant ces sortes d'armoires que certains Italiens colportent dans les campagnes et qui s'ouvrent, moyennant un sou, pour laisser voir à travers un luxe insolent de papier doré et de cire coloriée quelque scène de l'Ancien Testament ou la représentation de quelque miracle inédit. C'est ici le même esprit. Toute la biographie de la Mère du Christ s'y découpe dans l'albâtre avec une recherche d'exactitude et une perfection de main-d'œuvre qui a besoin d'être un ébahissant tour de force pour ne pas sembler un enfantillage.

En face de l'autel de la Vierge, et coupant en deux la nef de gauche, on trouve l'oratoire de Marguerite où se remarque une cheminée très-élégante et très-habilement disposée pour le tirage. Une ouverture biaise, fort admirée des appareilleurs, pratiquée dans le mur qui sépare l'oratoire de la nef centrale, devait permettre à la princesse de suivre, les pieds sur ses chenets, la messe au maître-autel et en même temps à l'autel de la Vierge. Cette trace de *comfort*, à une pareille époque, est pleine d'intérêt.

Nous n'avons pas fini notre tâche; mais nous l'avouons, nous sommes à bout de forces et d'adjectifs; notre phraséologie est épuisée. Nous nous bornerons donc à signaler, sans y insister, les stalles du jubé, moins riches, mais plus originales encore que celles du chœur, le bénitier de porphyre, curieuse pièce archéologique; les galeries supérieures où, par une précaution attentive, le boudoir et la cheminée du rez-de-chaussée se répètent. Nous pourrions ajouter qu'en parcourant ces galeries, nous avons découvert dans des coins sombres et comme honteux d'eux-mêmes, deux ou trois hideux autels *jésuites* construits sans doute aux plus mauvais moments du siècle de Louis XIV. Cela sent d'une lieue la Maintenon et le père Letellier ; c'est, avec la croix de mission du parvis que nous avons injuriée plus haut et la chaire de carton, la seule tache à effacer sur cette dernière et éblouissante page du livre où l'art ogival a écrit son œuvre immortelle.

V

CHRONIQUE DE L'ÉGLISE

Les églises du moyen âge, dont l'érection durait des siècles, sont pour la plupart un bizarre assemblage de différents styles, une sorte de pot-pourri architectural où dix générations apportaient chacune ses goûts, ses passions, ses talents spéciaux. Les confréries de francs-maçons s'y succédaient; tout un monde d'artistes et d'événements passait entre la première et la dernière pierre.

Il n'en fut pas ainsi de Notre-Dame de Brou : construite pour ainsi dire d'un seul bloc avec une incroyable rapidité, l'église de Marguerite d'Autriche est, de la base au faîte, la conception d'un même génie, le travail d'un même ciseau. C'est que, on a dû le comprendre d'après ce qui précède, l'église de Brou n'est point, comme nos vieilles cathédrales gothiques, l'œuvre sacrée que la foi d'un peuple poursuivait lentement à travers les âges; qui s'élèvent péniblement, pierre à pierre, sou à sou; dont chaque pouce d'exhaussement rachetait une âme du purgatoire, où chaque coup de truelle gagnait une place au paradis. Ici un sentiment égoïste et profane, une passion terrestre a tout inspiré, une seule volonté a tout décidé, une seule bourse a tout payé.

Et par un privilége singulier, unique peut-être parmi les églises de cette époque, celle-ci a conservé après plus de trois siècles la fraîcheur virginale de ses premières années; on dirait que l'injure du temps et celle bien plus redoutable des hommes, se sont arrêtées devant elle; sauf quelques déchirures dans la fine dentelle de sa toilette, outrage de quelque vandale ivre de 93, et ravaudée tant bien que mal par les architectes de nos jours, elle nous est parvenue dans toute sa précieuse homogénéité; enfin, grâce à la jeunesse éternelle de son teint, elle a pu échapper jusqu'ici au pinceau sacrilége des badigeonneurs.

Le 17 août 1506, Marguerite d'Autriche publia à Bourg une bulle de Jules II qui autorisait l'édification de l'église. Elle ouvrit en même temps un concours où elle convia les restes épars de la franc-maçonnerie; les débris des corporations accoururent au nombre de quatre cents ouvriers des divers corps d'état. Les historiens ne sont pas d'accord sur le nom de l'architecte en chef ou *maître de l'œuvre*. Certaines chroniques le font Bourguignon et l'appellent André Colomban : M. Jules Baux, le savant archiviste de Bourg, qui a compulsé tous les manuscrits du monde sur ce sujet, affirme qu'il était Flamand et qu'on doit le nommer Van Boghen. Il ne faut pas attacher à cette question de prééminence l'importance qu'elle aurait aujourd'hui ; nous l'avons dit plus haut, dans cette foule d'ouvriers inconnus chaque homme était un artiste à qui l'on donnait un bloc de matière, bois, pierre ou marbre, à transformer en chef-d'œuvre, et à qui on laissait la plus grande liberté d'invention ; l'architecte n'était en réalité qu'un chef ouvrier chargé de dessiner les masses, tracer les épures, distribuer les tâches, régler les prix faits et coordonner les ouvrages partiels. Quelques noms de sculpteurs sont, grâce aux décomptes conservés aux archives de Bourg, parvenus jusqu'à nous ; mais, par un caprice de la fortune, qui s'avise quelquefois de rendre immortel un chevalier Bernin, les noms de Conrad Meyt, de Jean de Louhans, d'Aimé Carré, de Campitoglio, sont aussi oubliés aujourd'hui que s'ils n'avaient jamais été prononcés.

Marguerite organisa elle-même les ateliers; « elle établit, dit le père Rousselet, une chambre du conseil dont Laurent Gorrevod fut le président; elle donna à Pierre Anchemant, natif de Cuiseaux en Bourgogne, l'inspection générale et immédiate sur tous les ouvriers; elle le chargea du soin de les faire travailler; elle commit pour les payer tous les samedis de chaque semaine le père Louis de Gleirens, augustin de l'Observance de Lombardie. Ce religieux recevait les sommes nécessaires de M. de Marnix, trésorier général de la princesse, par les soins du sieur Louis Vionnet, son trésorier particulier en Bresse, et rendait ses comptes tous les samedis par-devant messieurs de la chambre du conseil. »

La construction de Notre-Dame de Brou coûta, d'après les comptes déposés aux archives de Bourg, deux millions deux cent mille francs ; or deux millions deux cent mille francs, à une époque où les sculpteurs et les *maîtres maçons* touchaient « quatre sols et deux deniers par jour, » où le *maître de l'œuvre* était payé « huit sols, les jours où il assistait au conseil, » feraient, au taux actuel de notre monnaie, une telle somme que nous devrions avoir honte des monuments qu'aujourd'hui nous croyons construire à grands frais lorsque nous allons au delà de quelques centaines de mille francs. Nous avons mis quarante ans à terminer Sainte-Clotilde pour ne pas nous brouiller avec le budget. On serait modeste en estimant à vingt-cinq ou trente millions ce qu'on dépenserait, à l'heure qu'il est, pour refaire Notre-Dame de Brou si on la laissait s'écrouler, en admettant qu'on pût retrouver quatre cents ouvriers comme ceux qui l'ont construite, et en supposant, ce qui serait fort téméraire, qu'on fût d'humeur aujourd'hui à mettre trente millions dans une église.

Remarquez que tous les matériaux se tiraient des domaines de la princesse : le marbre noir venait de Bourgogne ; la pierre de taille de Bugey ; les briques et les tuiles se fabriquaient sur place ; le chêne, le sapin, les bois d'ornement et de charpente provenaient des forêts du voisinage; la seule main-d'œuvre a donc absorbé le prix d'une de nos petites villes modernes.

Nous n'insisterons pas sur cette période de vingt-cinq ans, remplie par un travail monotone mais ardent, incessant, où les derniers ouvriers du moyen âge semblaient élever leur propre tombeau. Nous prenons l'église terminée. Marguerite était morte en 1529, sans avoir vu son œuvre de prédilection; des autorités respectables affirment qu'elle se priva de ce bonheur volontairement et par esprit de mortification; nous nous révoltons contre une pareille hypothèse; nous accordons que Marguerite fut aussi pieuse catholique que grande artiste; mais cette piété était éclairée, et la pénitence absurde qu'elle se serait imposée en s'interdisant une jouissance aussi légitime est absolument incompatible avec son caractère élevé et son intelligence exceptionnelle. Il est plus vraisemblable qu'elle ne vit pas son église terminée parce qu'elle mourut en route tandis qu'elle se rendait à Brou. On trouva dans son testament des dispositions pleines de prudence pour éviter que sa mort interrompît les travaux ; elle avait eu soin d'ouvrir à son fondé de pouvoir, Gorrevod, un crédit illimité sur ses domaines ; le ministre se conforma scrupuleusement aux dernières volontés de sa souveraine, et Notre-Dame de Brou s'acheva sans encombre. Marguerite d'Autriche et Philibert le Beau y furent inhumés en 1532.

A partir de ce moment, Notre-Dame de Brou fut abandonnée à une série de vicissitudes dont nous ne pouvons nous dispenser de dire quelques mots.

De 1532 à 1659, elle demeura aux soins des Augustins lombards pour lesquels Marguerite avait élevé un monastère. Ces bons religieux, confortablement abrités dans le cloître, ne s'inquiétaient que médiocrement de l'église: les charpentes pourrirent, la toiture creva; il finit par pleuvoir dedans comme dehors. Un jour le roi Henri II prit fantaisie d'arracher les lames de plomb de la toiture; de ce coup l'église de Brou était condamnée. Le père Théodore de Sainte-Françoise, augustin réformé, fort amoureux des choses d'art, se trouvant en tournée chez les religieux de Brou, s'apitoya sur son sort; il conçut le dessein d'enlever à ces ignorants la garde d'un aussi précieux dépôt. Il fit tant que le monastère et l'église passèrent en 1659 des mains des Lombards dans celles des Réformés. Le père Rousselet, augustin réformé, auteur du *Guide descriptif dans l'église de Brou*, explique avec une complaisance extrême les travaux qui y furent exécutés par son ordre. C'est à son ouvrage que nous avons emprunté les principaux faits de ce chapitre.

Pendant le court espace de temps où la Bresse appartint à la France, entre le coup de main qui la livra à François Ier, en 1536, et le traité de Câteau-Cambresis, qui la rendit à Emmanuel-Philibert, en 1559, l'église de Brou n'eut guère à se louer de nous ; François Ier lui fit une visite stérile, l'admira beaucoup et la répara fort peu ; Henri II la dévalisa comme on vient de le voir. Les ducs de Savoie comprirent autrement les devoirs qu'imposait la possession d'un pareil chef-d'œuvre : Charles-Emmanuel refit la toiture et arrêta les dégradations du clocher ; il allait entreprendre une réparation générale des maçonneries lorsque la Bresse fut, en 1598, définitivement réunie à la France. C'est sous le règne de Louis XIII que s'ébaucha, et sous celui de Louis XIV que fut terminée la substitution des Augustins réformés aux Augustins lombards, opération très-laborieuse; le roi de France et le pape durent s'en mêler; des décrets et des bulles furent nécessaires pour établir solidement dans leur poste les réformés qui s'installèrent enfin en 1662 dans la garde de leur précieux dépôt. Les archéologues trouveront dans le remarquable ouvrage de M. Baux les détails les plus circonstanciés et les documents les plus curieux sur cette interminable transaction.

La Révolution survint; les Augustins furent chassés et leurs biens confisqués. La Convention envoya des commissaires pour procéder à la mise en vente du monastère et de l'église. La Révolution française a heureusement laissé d'autres traces que le document suivant, digne des Huns et des Visigoths:

BROU

(Biens nationaux de 4e classe)

ARTICLE 2

Estimation de l'église.

L'emplacement de l'église a cinq coupées y compris la place au soir d'icelle. C'est un monument rare et curieux, dans le genre gothique, avec de superbes mausolées ; mais quoique très-précieux nous ne pouvons, en fait de vente, l'estimer que quarante mille livres, compris sacristie, mausolées et tous matériaux quelconques, cy. . 40,000 livres.

Et tous matériaux quelconques ! ! l'incomparable chef-d'œuvre estimé au cube de moellons ! Les boiseries, les statues, les dentelles d'albâtre classées parmi les décombres ! quarante mille livres cet ouvrage surhumain ! quels sinistres symptômes dans un tel chiffre !

La municipalité de Bourg protesta énergiquement; elle finit par obtenir que l'église fût considérée comme monument national et mise sous la sauvegarde de ce qui restait encore de lois en ce moment. Mais la protection était aussi fragile que le protégé; le décret de classement n'empêcha pas quelques sauvages du pays de dégrader les sculptures de la façade, sous prétexte d'effacer des armoiries qui ne s'y trouvaient pas ; tous les gens de cœur tremblaient pour les mausolées singulièrement compromis par les cendres illustres qu'ils recouvraient, et chaque jour on s'attendait à apprendre que les fureurs populaires avaient forcé le seuil et dévasté le sanctuaire, lorsqu'un événement inespéré lui vint en aide. En 1792, la République décida de concentrer en Bresse un corps de l'armée des Alpes ; un régiment de cavalerie eut l'idée, à jamais mémorable, de loger son fourrage dans l'église de Brou; on entassa jusqu'aux voûtes les bottes de foin en les adossant au jubé; le chœur fut ainsi complétement isolé. Après le 9 thermidor l'armée fut déplacée et le foin enlevé : tout était sauvé.

Non pas tout, cependant : nous avons dit plus haut quel parti la Convention avait tiré du mausolée en bronze de Laurent Gorrevod; on nous a rapporté cet autre incident pour nous expliquer l'absence des deux génies qui surmontaient le tombeau de la princesse de Bourbon : la terreur était passée quand un représentant du peuple, en mission à Bourg, étant venu visiter l'église de Brou, remarqua sur le mausolée de Marguerite de Bourbon un groupe de deux enfants appuyés sur un écusson, celui de la duchesse apparemment. Le député, plus patriote qu'artiste, imagina que rien ne siérait mieux à ce marbre que d'être placé dans la salle des séances de l'Assemblée ; on y graverait en lettres d'or la Constitution nouvelle et on en décorerait les abords de la tribune, où il ferait bien meilleure figure que dans cette église inconnue et délabrée. Il n'y avait pas à contredire un représentant du peuple ; on emballa le groupe qu'on expédia à Paris ; mais lorsqu'on ouvrit la caisse, on n'en retira que des morceaux.

En 1814, Notre-Dame de Brou fut rendue au culte. Le comte d'Artois y présida la cérémonie.

En 1823, le conseil général du département de l'Ain céda l'église et le monastère au diocèse de Belley. Le grand séminaire y fut établi et n'en est pas sorti depuis.

Enfin, et comme pour clore cette longue série de vicissitudes, le 2 décembre 1856, une imposante cérémonie eut lieu.

On avait depuis longtemps conçu des inquiétudes au sujet de la conservation des corps de Marguerite d'Autriche et de Philibert le Beau, déposés dans les cryptes. Une commission fut nommée pour examiner l'état des cercueils et aviser aux mesures de conservation nécessaire. Cette commission, à laquelle s'était joint M. le comte Somis de la Chiaverie, envoyé spécialement par le roi de Sardaigne, se réunit à Bourg le 26 septembre; elle se rendit dans l'église de Brou, fit desceller la dalle des caveaux et s'approcha de la couche où les deux époux dormaient côte à côte depuis trois cent trente ans. Ce fut un lugubre spectacle : les cercueils, en chêne doublé de plomb, rongés par le temps et l'humidité, s'étaient effondrés, et les ossements de celle que l'histoire appelle la grande Marguerite gisaient à terre, pêle-mêle, avec des fragments de bois pourri! Il fallut ramasser tout cela, trier cette poussière, refaire ce squelette ; bien que les corps eussent été embaumés, quelques boucles de cheveux blonds, de ce beau blond doré dont les vitraux de Brou nous ont conservé la teinte, adhérant au crâne décharné, étaient tout ce que la science humaine avait pu arracher à l'inexorable loi de rénovation : *in pulverem reverteris.*

Quand l'identité des trois corps fut bien établie, qu'on eut remis chaque chose à sa place, on enferma les restes du prince et des deux princesses dans de nouveaux cercueils en chêne et plomb construits de façon à assurer aux trois souverains quelques siècles encore de repos et de solitude ; puis ces cercueils furent déposés dans une chapelle ardente en attendant le jour solennel de la réinhumation.

Le 1er décembre 1856 une fête à la

fois funèbre et triomphale eut lieu dans l'église de Brou : les autorités du département, l'envoyé du roi de Sardaigne, le cardinal-archevêque de Bordeaux, que sa profonde érudition archéologique, bien plus encore que sa haute dignité, conviait à cette cérémonie, l'évêque de Belley, toutes les notabilités du pays et des environs, se réunirent pour assister à la descente des cercueils. Il faisait froid, il neigeait, le ciel était triste ; le temps avait pris le deuil. L'église, tendue de noir, portait suspendue à la voûte les drapeaux de France et de Sardaigne. Une messe fut dite, des discours furent prononcés par les deux prélats, après quoi on souleva les cercueils pour les descendre dans les cryptes. A ce moment et comme si l'atmosphère eût voulu se mettre jusqu'au bout à l'unisson, les nuages se dissipèrent et le soleil, ainsi que le *deus ex machinâ*, entra resplendissant dans le chœur. Alors on souleva les dalles, puis aux sons de l'orgue, marié à la musique militaire, au bruissement d'une assemblée frémissante d'émotion, on rendit à la tombe ces débris mortels que la piété des hommes disputait à l'économie immuable de la nature.

Quand tout fut en ordre au caveau ducal, on scella de nouveau la pierre; les deux époux restés amants jusque dans la mort reprirent leur tête-à-tête éternel, et le silence dont ils vivaient depuis trois siècles redescendit sur eux.

VI

CONCLUSION

Ici devrait se terminer ce travail ; mais notre enthousiasme pour le monument de Brou nous a peut-être entraîné à laisser croire qu'il est, à notre sens, le type de l'architecture religieuse ; nous devons repousser une semblable interprétation.

Nous n'avons plus besoin, après ce

qui précède, de déclarer qu'en fait d'architecture religieuse, nous sommes essentiellement *gothique*. Mais il y a dans l'art ogival des nuances parmi lesquelles il faut choisir, et la nuance *flamboyante* n'est pas la nôtre. Nous n'avons pu taire notre admiration pour l'œuvre dont l'architecture du moyen âge s'est fait un inimitable mausolée ; et pourtant, si l'origine de Notre-Dame de Brou nous a touché profondément, si le talent déployé par les artistes du seizième siècle nous a paru tenir du prodige, nous n'en regardons pas moins le caractère de cette église comme très-éloigné du véritable style religieux. Si le roman de Philibert et de Marguerite s'encadre merveilleusement dans cette architecture sentimentale, dans cette ornementation voluptueuse, on y cherche vainement le calme de l'esprit, l'isolement de soi-même, le silence de l'imagination, la sobriété dont on a besoin dans une église. Et d'ailleurs, nous le répétons, ceci n'est point une église, c'en est la forme tout au plus; dans sa piété sincère et dans les idées de son temps, Marguerite n'eût pas su trouver une autre figure à donner au cher et douloureux souvenir qu'elle voulait perpétuer; mais la passion terrestre est là, vivante, ineffaçable; on la sent, on la touche; elle est dans la masse, dans le détail, dans l'inflexion des courbes, dans le choix des énigmes, dans les marguerites d'albâtre qui fleurissent les mausolées, dans les PM qui couvrent les murs; elle imprègne le marbre et la pierre depuis les dalles jusqu'aux voûtes; elle est le seul architecte de Notre-Dame de Brou.

Notre-Dame de Brou a donc pu se permettre toutes les excentricités de formes et toutes les exagérations de beauté sans que nous ayons songé à lui en faire un reproche; elle en avait le droit; elle est une exception. Mais une véritable église a d'autres devoirs à remplir, devoirs rigoureux, inévitables, que l'artiste ne saurait négliger sans fausser le caractère de son œuvre; c'est à l'oubli de ces devoirs que sont dues les vicissitudes sans termes de l'architecture chrétienne.

Aussitôt que l'homme, ébauché à peine, sut mettre une pierre sur l'autre, il éleva un temple. Ce fut le premier langage qu'il employa avec la divinité. Si depuis soixante siècles ce langage a souvent varié de dialecte il n'a jamais changé d'objet : le Parthénon et le dolmen de Karnac, le temple de Siva et Saint-Pierre de Rome sont, dans des idiomes différents, la traduction d'une même idée, la satisfaction d'un même besoin.

L'architecture religieuse eut donc de

tout temps un magnifique rôle à remplir, celui de concevoir pour chaque peuple, chaque climat, chaque croyance des édifices en harmonie avec eux et qui servissent de trait d'union entre la créature et son créateur. Voyons comment elle s'en est acquittée, et par suite de quelles aberrations notre siècle en est arrivé à entendre prêcher la loi du Christ dans un temple de Minerve.

L'histoire politique et religieuse de l'humanité peut se diviser en deux grandes époques : païenne et chrétienne. Si l'on veut bien analyser les architectures des différents peuples, en les dégageant des variations de caractère et des hérésies de style, on reconnaîtra sans peine qu'elles se groupent naturellement autour de deux types parfaitement dessinés : l'architecture païenne ou *grecque* et l'architecture chrétienne ou *ogivale*.

L'architecture païenne, conçue aux

temps fabuleux, était à l'apogée de sa grandeur et de sa perfection vers la 85e olympiade, Périclès étant dictateur d'Athènes et Ictinus bâtissant le Parthénon.

Un temple grec était ordinairement une construction rectangulaire, étroite, massive, obscure, entourée de galeries et de portiques supportés par une colonnade; un sanctuaire, un autel, l'image, en or ou en ivoire, de la divinité, quelquefois un caveau pour le trésor public, c'était tout. A l'intérieur, au pied de la statue du dieu, les prêtres se livraient aux mystères et sacrifiaient les victimes. La foule, répandue alentour sur la place publique, assistait *sub Jove* aux cérémonies.

Dans ces ombrageuses petites républiques qui, alors, se partageaient la Grèce, la démocratie s'entendait d'une étrange façon : l'instabilité du pouvoir exécutif n'avait d'égal que la versatilité et l'intempérance du pouvoir législatif; le pouvoir législatif, c'était le peuple en assemblée sur la place ; le peuple discutait et votait lui-même ses lois, nommait ses chefs et les destituait par acclamations ; son caprice distribuait, au hasard souvent, les honneurs ou la disgrâce, et dès qu'il avait par son suffrage revêtu un homme de la dignité suprême, son premier soin était de prendre en haine cet homme et de souhaiter sa chute. Aussi celui qui se hasardait à briguer les faveurs populaires était-il nécessairement un audacieux ; toute distinction était périlleuse, toute ambition devait tôt ou tard se heurter à l'ostracisme; s'élever au-dessus du vulgaire c'était aller au-devant du bannissement. Le peuple exilait Aristides parce qu'il était fatigué d'entendre dire : « Aristides *le Juste*, » grave infraction au principe d'égalité; le peuple envoyait Miltiade à la mort pour s'être permis de gagner la bataille de Marathon.

Avec de pareils sentiments politiques, personne, on le conçoit sans peine, ne s'avisait d'éclipser son voisin. Si quelques grands hommes s'obstinaient, au risque de leur tête, à servir leur pays, aucun n'était curieux d'attirer inutilement sur soi l'attention de ses concitoyens. Les habitations particulières s'en ressentaient et rivalisaient de simplicité. Les opulents s'en dédommageaient, il est vrai, en étalant dans leur intérieur un luxe d'autant plus excessif qu'ils devaient le condenser et le dissimuler; mais l'architecture extérieure était réduite au plus strict nécessaire. Il fallait pourtant, à Athènes surtout où le goût et la culture des arts furent à une certaine époque poussés à l'extrême, il fallait que l'amour inné de ces peuples pour le beau se produisît; de semblables aspirations ne se compriment pas. C'est dans la construction et l'ornementation des temples qu'il s'épancha, et tels furent les effets de cette manifestation que jamais depuis les arts plastiques ne purent atteindre à une pareille perfection.

Comme nous l'avons dit tout à l'heure, l'architecture parvint à son apogée sous le gouvernement de Périclès; en quelques années Athènes fourmilla de chefs-d'œuvre; l'Acropole, ceint des propylées, couronné du Parthénon, fut le sol fertile où les temples de tous les dieux surgirent avec une rapidité que seule la fécondité du style ogival à pu rappeler. Une légion d'inimitables artistes se partageait cette besogne sacrée : Ictinus, Mnésiclès, Métagènes, Callicratès, construisaient; Phidias et Praxitèle sculptaient les statues et les frontons; Lysippe coulait les bronzes; Apelles peignait les fresques. Les marbres les plus rares, les bois et les métaux les plus précieux, affluaient de tous côtés; des populations entières étaient occupées à extraire, transporter et travailler les matériaux. Athènes se ruina d'argent, mais s'enrichit d'une indestructible renommée; tant que l'art vivra, on vénérera cette glorieuse époque où, depuis vingt-cinq siècles, nous allons chercher des modèles et des leçons.

Le caractère spécial de l'architecture grecque, c'est la ligne droite; son principal élément décoratif, c'est la colonnade.

La ligne droite était obligée par la nature même des matériaux employés et surtout par l'ignorance où l'on se trouvait encore des principes de la voûte. On ne recherchait pas la ligne droite, on la subissait. Depuis, aujourd'hui même encore, certaines écoles sont revenues à la ligne droite, à la ligne droite pour la ligne droite ; elles l'ont érigée en système, prenant pour une des beautés du style grec ce qui n'était qu'une de ses impuissances. Les écoles sont ainsi faites ; nous les verrons à l'œuvre.

Nulle conception ne fut plus heureuse que la colonnade. Les Grecs l'ont prodiguée, comme elle le méritait, dans leurs monuments religieux, en lui donnant tantôt la robuste simplicité du dorique, tantôt l'élégance de l'ionique, tantôt la richesse du corinthien ; ils en ont étudié et calculé les proportions avec un soin qui n'a plus rien laissé à faire après eux. Toutes les fois qu'on a voulu modifier leurs combinaisons, on est tombé dans le difforme ; il a toujours fallu revenir à l'imitation servile. C'est la marque de la perfection.

Mais la première, l'absolue condition

d'une colonnade grecque c'est d'être en Grèce.

Toute œuvre d'art est faite pour un milieu hors duquel elle se défigure. La colonnade a besoin des climats bienfaisants, des atmosphères limpides, des horizons toujours bleus; il lui faut le ciel indigo, le soleil d'Orient avec ses éblouissants jeux de lumière et ses admirables effets d'ombre portée. Mettez-la dans nos régions brumeuses, elle ressemblera à ces plantes exotiques malingres et frileuses agonisant le mal du pays. Voyez plutôt notre colonnade du Louvre, l'un de nos orgueils; est-elle assez triste et ténébreuse par les brouillards ou la pluie? assez froide et sombre même les jours de soleil? Voyez celle du Garde-Meuble, celle de la Marine et tant d'autres, sont-elles assez grelottantes? assez noircies par l'intempérie des saisons? Et ce sont pourtant là de jeunes colonnades, l'aînée n'a pas cent cinquante ans ; tandis que les vestiges encore debout des anciens temples d'Athènes, détruits plutôt que tombés, ont conservé, en dépit de la ruine, la fraîcheur de leurs premiers jours ; pendant plus de deux mille ans le soleil n'a eu pour eux que des caresses, et s'il leur a laissé son empreinte, c'est en les colorant de ces tons chauds et dorés qui font rêver le voyageur.

Les mauvais jours de la Grèce arrivèrent : après trente ans d'une défense héroïque contre les armes de Rome et sa diplomatie cauteleuse, les fils des vainqueurs de Salamine, de Leuctres et de Mantinée succombèrent. Rome mit le pied sur cette patrie des arts et en fit une de ses provinces. Un préteur vint gouverner ces nouveaux esclaves et dévaster au profit de la métropole les monuments que trois cents ans de guerres intérieures avaient respectés. On dévalisa les temples de tout ce qui put s'emporter. Un brutal soldat, le consul Memmius, fut chargé de ce pillage; il empila pêle-mêle sur des navires les chefs-d'œuvre de Périclès comme une grossière marchandise; les plus précieux furent détruits ou irréparablement endommagés, quoique par une précaution pleine de prudence ce barbare eût menacé les gens occupés au transport de les obliger « à remplacer par des statues neuves les statues brisées. » Remplacer par du neuf le Jupiter Olympien!

En même temps que ces dépouilles, arrivaient à Rome les artistes grecs, peintres, statuaires, architectes, qui, chassés de leur patrie par les horreurs de la conquête, demandaient du travail à leur nouvelle capitale. A ce moment, Rome venait, par la destruction de Carthage, de terminer la troisième guerre punique; maîtresse de l'Europe, de l'Afrique et de l'Asie, saturée de puissance, inondée de trésors apportés des quatre coins du monde par ses armées victorieuses, Rome se reposait; Rome digérait sa gloire. Le peuple-roi gorgé de richesse et de domination voulait commencer à jouir, ses mœurs s'amollissaient; un amour effréné pour le luxe et le plaisir prenait la place de ces rudes vertus des jours de lutte et d'épreuve où ses chefs s'appelaient Cincinnatus et Paul-Emile. Au milieu de ses vices naissants apparut tout à coup une passion désordonnée pour les constructions fastueuses et gigantesques. L'asservissement de la Grèce vint à point aider au développement d'un penchant qui eût pu être le plus noble des délassements, mais qui ne fut qu'une nouvelle pente offerte à la vanité et à l'ostentation de la république chancelante.

Alors comme au temps de Périclès, s'élevèrent de toute part et avec une inexprimable activité des milliers de monuments magnifiques, temples, théâtres, cirques, aqueducs; Rome, de même qu'autrefois Athènes, se meubla d'une incroyable quantité d'édifices, et non-seulement Rome, non-seulement l'Italie, mais la Gaule, mais l'Espagne, l'Illyrie et même l'Orient. L'Etat n'était pas, comme en Grèce, le seul constructeur; chaque citoyen, riche, et tout général revenant de campagne, tout proconsul après quelques mois d'administration, était riche, chaque citoyen mettait dans sa maison le même faste que la république, et plus tard l'empire, dans leurs monuments; aussi Rome compta bientôt plus de palais que de maisons, et au contraire des habitations grecques qui ne luttaient que de simplicité, les habitations romaines rivalisèrent de luxe extérieur et d'extravagante somptuosité.

Avant l'immigration des principes et des artistes grecs, l'architecture était nulle à Rome ; les modèles importés de Grèce durent être imités de toute pièce. Mais les besoins différaient ; le climat, les matériaux, les coutumes n'étaient plus les mêmes ; les temples athéniens, avec leurs vides étroits et leurs appuis rapprochés, ne suffisaient pas au peuple romain ; il fallait à ce colossal souverain de vastes espaces couverts pour ses assemblées, que les variations atmosphériques ne permettaient pas toujours de tenir, comme celles de Grèce, sur les places publiques. Les Romains étaient de piètres gens de goût, mais d'habiles ingénieurs : ils imaginèrent la voûte.

La voûte est le cachet spécial imprimé par l'influence romaine aux splendides mais stériles beautés du style grec ; tout d'un coup elle élargit la sphère de l'architecture; elle lui ouvre une route nouvelle; d'un art de luxe elle fait un art utile. Et non-seulement elle agrandit son rôle et lui crée des débouchés imprévus, mais elle multiplie à l'infini ses motifs d'ornementation; elle lui permet de tempérer, par l'introduction de la courbe dans la décoration, la sécheresse et la roideur de la ligne droite. De la voûte naît la coupole. C'est en conjuguant la coupole avec la colonnade que l'architecture païenne atteignit plus tard au sublime dans la construction de Saint-Pierre de Rome.

Malheureusement, à mesure que le mécanisme de l'architecture se perfectionnait, le sentiment de la forme s'avilissait. Entre les mains de ces parvenus la grâce et l'élégance des ornements grecs dépérissaient; le profil si pur, les proportions si habilement calculées des ordres primitifs allaient se dégradant.

Une décoration grossière, surchargée, corrompue , remplaçait les délicates sculptures et les bas-reliefs harmonieux. Les ouvriers grecs, devenus les esclaves de ces soldats enrichis, avaient perdu avec leur qualité d'hommes libres le feu sacré; ils travaillaient en mercenaires et non plus en artistes ; débordés par l'immensité des ouvrages, ils songeaient moins à bien faire qu'à faire beaucoup. Il en résulta un relâchement toujours croissant dans la conception et dans l'ornementation des édifices; toutes leurs parties constitutives perdirent insensiblement leur sens et leur personnalité; le fronton, indiqué par la nature des toitures grecques, fut conservé malgré la voûte romaine et distribué à tort et à travers; on superposa niaisement la coupole au fronton. On inventa la colonnade circulaire avec ses entablements courbes, ses corniches arrondies et tout ce qui peut s'ensuivre. La colonne parut trop lourde, on créa le piédestal où l'on jucha la colonne. La colonne elle-même passa par toutes les difformités : l'ordre corinthien, le plus riche des ordres grecs, fut trouvé trop nu pour loger les dieux de Lucullus et de Crassus ; en l'écrasant de moulures et de feuillages, on arriva au *composite*. Plus tard de simples cannelures ne suffirent plus, on les enveloppa d'une végétation touffue, on leur mit des colliers et des bracelets ; on parvint enfin à estropier la colonne au point de lui donner cette forme profondément risible qu'on a désignée sous le nom de colonne *torse*. On dut s'arrêter là, l'extrême limite du mauvais goût était dépassée.

Pendant que l'art romain descendait ainsi vers son Bas-Empire , le Christ était venu ; il avait révélé son Evangile et donné à douze pauvres pêcheurs de

Judée la mission de le répandre par le monde. L'antique paganisme tremblait sur sa base. N'est-il point permis de penser que la décomposition de son architecture fut la conséquence forcée de sa propre destruction? et ne doit-on pas voir dans cette précoce décrépitude le doigt de Dieu, gardien de toutes les harmonies? Le vieux culte de la matière était mort; avec lui devaient s'éteindre ses pratiques; ses monuments étaient condamnés comme lui. Si, dans la suite, ainsi qu'on le verra plus loin, la croyance nouvelle emprunta pour ses édifices sacrés les formes païennes, c'est qu'à son tour la simplicité de l'Eglise primitive commençait alors à décroître et que les pompeuses cérémonies catholiques avaient remplacé le rite austère des premiers siècles.

Les empereurs décimèrent les chrétiens. Les chrétiens ne se défendirent qu'en redoublant de prosélytisme, la persécution multiplia les conversions à l'infini. Pour fuir leurs bourreaux, les chrétiens cherchèrent un asile dans les catacombes; pendant deux cents ans leurs réunions n'eurent point d'autre toit; là, depuis Néron jusqu'à Constantin, ils vinrent entendre la loi et communier fraternellement.

C'était une sublime architecture, celle de ces cathédrales souterraines, aux voûtes immenses et perdues dans l'ombre, aux nefs infinies pleines de silence et de terreur, et dont chaque porte ouvrait sur le martyre !

La conversion de Constantin donna le signal de la délivrance; grâce à elle le christianisme put enfin sortir de ses cavernes et prendre sa place au soleil; mais c'est sous Théodose seulement qu'il se substitua efficacement au paganisme. De secte méprisée qu'il était il devint brusquement, trop brusquement peut-être, la religion de l'Etat. A son tour le culte païen, chassé de ses temples, vilipendé, persécuté, dut succomber sous des représailles plus ardentes que magnanimes. Les faux dieux disparurent; vainement, au nom de la protection dont ils couvraient depuis douze cents ans les destinées romaines, au nom de tant de glorieux souvenirs auxquels leur intervention était attachée, le Sénat implora-t-il un répit; l'Olympe fut condamné en masse, et exécuté.

Les chrétiens, dans l'enivrement de leur triomphe, ne prirent pas le temps de construire des édifices à leur culte ; quelques groupes se logèrent dans les temples déserts ; la plupart, soit que les monuments païens fussent insuffisants pour les besoins nouveaux, soit que la souillure laissée par les sacrifices sanglants leur parût ineffaçable, cherchèrent d'autres abris.

Il y avait parmi les édifices en usage à Rome, certains bâtiments mixtes, moitié cours de justice, moitié bourses de fonds publics, vastes parallélogrammes entourés de murs, divisés en trois nefs par deux rangs de colonnes et terminés à une extrémité par une abside où se tenaient les juges aux jours d'audience. Cette construction très-propre à contenir une nombreuse multitude, et que l'église de Saint-Vincent de Paul à Paris ou Notre-Dame de Lorette rappelleraient assez exactement, s'appelait *basilique*. Les chrétiens se casèrent dans les basiliques.

Une fois à couvert, le christianisme songea à se donner une architecture; il était maintenant riche, honoré, soutenu par les empereurs; il lui fallait une représentation intérieure en harmonie avec sa puissance matérielle et avec la grandeur de ses dogmes. Le culte d'un Dieu invisible, infini, parfait, la pratique d'une morale qui enseignait la suprématie de l'âme sur le corps, la saine égalité, la charité, voulaient une autre expression que le culte de ces divinités grossières et charnelles, sujettes à tous les besoins, à toutes les faiblesses de l'homme intervenant sans cesse dans ses affaires, s'irritant de ses injures et se laissant apaiser par son encens, n'ayant sur lui d'autre supériorité que l'exagération et l'immortalité de ses vices. Autant l'idée chrétienne, pure encore de toute altération, s'élevait au-dessus de la brutale théogonie païenne, autant les édifices sacrés de la religion nouvelle devaient surpasser ceux de l'ancienne en sublimité.

La basilique était un expédient, non un système. Cependant, durant un certain nombre d'années, sa forme prévalut en Italie; sa construction était facile, et elle offrait cet avantage particulier de pouvoir se construire et se décorer avec les débris mêmes des temples païens. Les édifices de la vieille Rome fournissaient la mine où s'extrayaient la pierre et le marbre nécessaires; on se dispensait ainsi de tailler et de sculpter les colonnes, seul élément monumental des basiliques. Elles prirent néanmoins quelques développements : la voûte remplaça les toitures plates en charpente; en mémoire du séjour des catacombes on pratiqua sous l'abside des chapelles cryptiques; les murs extérieurs, nus dans le principe, se couvrirent de sculptures. La basilique conquit enfin, malgré son origine profane, un rang dans la série des différents styles dont se compose l'architecture religieuse.

Mais son succès fut tout local. Hors

de l'Italie centrale, elle resta à peu près ignorée. D'ailleurs, entre le moment où le siége de l'empire fut transporté en Orient et celui où les papes acquirent une certaine puissance temporelle, Rome sommeilla profondément. Le mouvement intellectuel et artistique avait en partie suivi la cour des empereurs, en partie aussi il s'était dirigé vers le nord de l'Italie, où un peuple remuant, industriel, entreprenant, commercial, commençait à dessiner sa place sur la carte d'Europe. Byzance et la Lombardie, à quelques années de distance, mirent au jour les deux styles d'architecture qui, jusqu'à l'avénement de l'art ogival, restèrent en possession de fournir des églises à la chrétienté : le style *byzantin* et le style *roman* ou *lombard*.

En émigrant à Byzance, Constantin, à son grand regret, n'avait pu se faire suivre des innombrables richesses monumentales léguées à Rome par le paganisme. Dans cette lointaine région à peine connue, naguère inhabitée et sauvage, il fallait tout créer, art et matériaux. En outre, les architectes de la nouvelle capitale, Grecs pour la plupart, n'eurent garde de négliger cette bonne occasion de mettre au monde un style. Ils commencèrent par supprimer la colonnade, inutile et dispendieux appendice. Sur quatre piliers carrés, de section et de hauteur colossales, ils jetèrent quatre arceaux surmontés de la coupole romaine. Dans le prolongement des ouvertures réservées entre les piliers, ils ménagèrent des espaces rectangulaires, entourés de mur sur leurs trois faces extérieures et recouverts chacun d'une demi-coupole appuyée au dôme central; ils obtinrent ainsi un édifice affectant intérieurement la forme d'une croix à branches égales ou *croix grecque*. Tel fut en substance le style byzantin.

Comme le byzantin, le style roman dériva indirectement de l'architecture païenne; seulement, au lieu de la coupole, il lui prit la voûte ; il lui prit aussi la colonne; non la colonne ornement, mais la colonne support. Il accommoda tous ces emprunts à sa façon et leur donna une allure demi-religieuse, demi-barbare qu'une exécution lourde et grossière ne contribua pas à embellir. Une église romane est formée de trois nefs parallèles, inégales en hauteur, la nef centrale presque double des deux autres et séparée d'elles par deux rangs de colonnes courtes, écrasées, ramassées comme des cariatides, sans chapiteaux, ou pourvues de chapiteaux difformes. A chaque paire de colonnes correspond un arc doubleau qui suit la courbe de la voûte, toujours plein cintre. Point de façade; quelquefois, une tour carrée, ou deux, sur les angles; une abside demi-circulaire. L'ornementation rare et confuse dans les plus anciennes églises s'éclaircit et se multiplie dans les plus récentes; mais la forme générale se modifie peu.

Le byzantin ne tarda pas à sortir de Constantinople. La religion musulmane, qui, elle aussi, eut besoin à son tour de se faire une architecture, l'emprunta pour ses mosquées; la Russie, la trouvant sous sa main, l'appliqua à son culte. Les architectes grecs, qui résumaient alors en Orient la science dont les francs-maçons eurent plus tard le monopole en Occident, le colportèrent partout où ils furent appelés. Il éprouva sans doute dans ces assimilations diverses de graves déformations, mais sa parenté avec l'architecture sacrée des Russes, des Arabes, des Maures d'Espagne, voire des Persans, ne peut se méconnaître. Il rayonna jusqu'en France, en passant par Venise ; Saint-Marc, Saint-Front à Périgueux, et d'autres encore, sont des traces non équivoques de cette invasion.

A vrai dire, il ne fut en France qu'une singularité ; du huitième au douzième siècle, la France appartint au roman.

Le roman est un style de transition ; quoiqu'à bien des égards il soit l'opposé du gothique, on peut dire que dans une certaine mesure il l'annonce et le prépare. Ainsi l'élévation de la nef centrale, élévation considérable par rapport à sa largeur, est une tendance manifeste vers les formes ogivales.

L'ogive paraît enfin, et brusquement, sans ménagement, avec un empressement inouï, le roman est abandonné.

Nous avons décrit avec quelques détails au troisième chapitre de cette étude l'étonnante carrière que fournit l'art ogival ; nous n'y reviendrons pas. Nous rappellerons seulement en quelques mots à quelles circonstances il dut son triomphe, non interrompu pendant trois siècles.

Il est hors de doute que l'état particulier des esprits au milieu du chaos des croisades, que la présence des confréries de francs-maçons, que la haute impulsion venant de la papauté , donnèrent alors un élan inusité à la construction des églises; il est également certain que les mérites du gothique sont absolument indépendants de ces diverses causes et que le roman en eût profité aussi bien qu'un autre. Mais les qualités propres du style ogival expliquent suffisamment son succès.

Le style ogival pris dans toute sa pureté, celui des treizième et quatorzième siècles, représente la véritable architecture sacrée des pays septentrionaux.

Nous avons dit ailleurs à quelles conditions morales devait satisfaire, quelles impressions devait exercer l'édifice où l'homme vient se recueillir et converser avec Dieu. Nous avons essayé de montrer que seules les cathédrales gothiques pouvaient remplir ce but. Il n'est plus question ici d'égayer la vue par des proportions élégantes ou par un aspect agréable ; il ne s'agit plus d'enfermer une idole de marbre ou d'or dans un écrin que tous les arts s'emploient à rendre gracieux et séduisant ; ce n'est pas le lieu de charmer l'esprit ou d'émouvoir les sens. Il faut qu'un temple chrétien soit imposant, grave, sobre, immense ; que ses appuis touchent à peine la terre, que ses voûtes aillent se perdre dans l'espace ; tout y doit imprimer dans l'âme de celui qui prie la conscience de son infinie faiblesse.

Les conditions matérielles ne sont ni

moins définies ni moins absolues. Destinées aux climats froids et sombres, les cathédrales répudieront les portiques, les galeries et les colonnades; leurs toits seront aigus pour laisser moins de prise à la neige; leurs massifs et leurs piliers seront minces et élancés pour ménager plus de place aux ouvertures et plus d'accès à la lumière.

Nous nous sommes trop étendu dans d'autres parties de ce travail sur ce qui concerne spécialement l'art ogival pour insister davantage; nous avons établi que les cathédrales des treizième et quatorzième siècles marquent le point culminant de l'architecture chrétienne. Nous ne reviendrons pas non plus sur ce que nous avons dit des divagations qui précédèrent la chute du style gothique; on a pu voir combien le déclin en fut brillant, puisque c'est à elle que nous devons les merveilles de Brou. Il est demeuré entendu que, tout en admirant comme artiste les œuvres de cette décadence, comme chrétien nous les réprouvons, et que Notre-Dame de Paris, pour prendre au hasard dans la masse, restera selon nous le prototype des véritables églises.

Jusqu'ici rien que de logique dans la marche de l'architecture : païenne à l'époque païenne, chrétienne pendant l'ère chrétienne. Mais vers la fin du moyen âge, un de ces prodigieux génies qui surgissent çà et là dans l'histoire, quand il s'agit d'illustrer ou d'ébranler un siècle, Michel-Ange parut, et tout fut bouleversé. Le jour où cet autre Prométhée déroba le feu du ciel pour animer la masse formidable qui s'est appelée Saint-Pierre de Rome, et pour faire un chef-d'œuvre de cette énormité, il anéantit l'architecture religieuse.

En effet, lorsqu'on vit ce que ce géant

avait su faire avec les fragments de l'antiquité, on ne s'arrêta pas à rechercher si la splendeur et l'immensité de Saint-Pierre venaient du caractère propre du monument ou de la main puissante qui l'avait pétri, on s'écria que, dans les dômes, les voûtes et les colonnades, résidait décidément le vrai style religieux ; on relégua l'art ogival avec les barbaries du moyen âge, et le paganisme reparut.

Tel fut le prétexte. Une cause plus vraie mais moins avouée précipita l'engloutissement de l'art ogival et l'avénement de la Renaissance. Cette cause, la voici :

Lorsque la franc-maçonnerie sentit défaillir la main dont la papauté l'avait soutenue si longtemps, elle comprit que sa carrière était terminée. Les confréries se démembrèrent, puis, petit à petit, disparurent, emportant fidèlement avec elles les secrètes et savantes pratiques accumulées tradition par tradition depuis des siècles, et que chacun avait promis sur l'Evangile de ne jamais divulguer. Il y eut peu de parjures. Les maîtres absents, les apprentis, toujours tenus jusqu'au jour de leur admission dans une ignorance calculée, les apprentis, chargés seuls désormais de la construction des églises, ne tardèrent pas à plier sous ce pesant fardeau : ils s'effacèrent à leur tour. Au même instant, les deux pontificats successifs de Jules II et de Léon X avaient donné son impulsion au mouvement artistique et littéraire de la Renaissance. Brunelleschi d'abord, puis Michel-Ange, Bramante et Raphaël venaient de remettre en honneur, par de resplendissants chefs-d'œuvre, le goût des formes antiques ; Saint-Pierre avait été le manifeste éclatant chargé d'annoncer au monde le programme nouveau. Mais cette génération illustre s'était éteinte sans laisser d'héritiers. Les élèves directs de ces grands maîtres, chassés de Rome par le sac effroyable de 1529, avaient pris la fuite dans diverses directions; toute solidarité était rompue entre eux. Les élèves de ces élèves, enfants nés dans la souffrance et le malheur, étaient venus incomplets et rachitiques; la filiation qui les rattachait aux glorieux chefs de leur race s'était brisée dans la tempête.

C'est cette impuissante école qui fut appelée à recueillir la lourde succession de la franc-maçonnerie. Elle n'eut garde de se hasarder dans les profondes études de l'art ogival et d'affronter ses mystérieux problèmes; elle trouva plus aisé de copier les modèles au milieu desquels elle avait toujours vécu, dont les moindres difficultés étaient connues depuis longtemps et résolues d'avance. Elle déguisa son incapacité sous une feinte indignation en protestant de son souverain mépris pour l'architecture du moyen âge ; elle crut l'avoir à tout jamais écrasée sous un ridicule invincible en la flétrissant de l'épithète de *gothique*, synonyme de barbare. La postérité s'est chargée de relever l'injure.

La chute du style gothique est un des plus déplorables cataclysmes que puissent enregistrer les annales de l'art, moins encore peut-être par ce qui s'est perdu que par ce qui est survenu. L'œuvre de Michel-Ange et de Jules II, œuvre unique, incomparable, ouvrit la route funeste où l'architecture religieuse s'est égarée, où elle se traîne encore aujourd'hui. Si orgueilleux que soit le monde entier d'un édifice qui lui appartient à tous les titres, on se demande, en voyant quelle influence a été la sienne sur la construction des églises modernes, s'il ne vaudrait pas mieux que Saint-Pierre de Rome n'eût point existé. Jamais, en effet, conception originale n'eut tant et de si serviles imitateurs. Saint-Pierre à peine terminé, une nuée de parasites s'abattit sur le colosse, et le pillage s'organisa. Les architectes de tous pays, français surtout, s'emparèrent de ce modèle complaisant et s'empressèrent de se l'assimiler; chacun lui emprunta selon ses besoins : celui-ci sa façade, celui-là sa coupole, cet autre tel ou tel détail, et en habilla ses chefs-d'œuvre. On puisa sans vergogne dans ce magasin sans fond, et l'on dévalisa avec si peu de discernement que beaucoup s'en allèrent croyant emporter un morceau du Saint-Pierre de Michel-Ange, qui n'avaient volé qu'un lambeau du chevalier Bernin ou une sottise de Borromini. Ainsi s'est faite l'architecture religieuse de François Ier à Louis XVI.

Et, remarquez-le, on ne s'est point contenté de prendre à Saint-Pierre ses masses, ses proportions, sa coupole, sa colonnade, ses voûtes, ses pendentifs, son système de construction, et de rogner tout cela à la taille des idées et des ressources du jour; on a aussi recueilli religieusement, pour l'enlaidir encore, la hideuse ornementation dont les successeurs de Michel-Ange ont déshonoré son œuvre. Voyez, par exemple, les églises construites en France, sous Louis XIII, Louis XIV et Louis XV; c'est là surtout que le précieux et le ridicule s'étale avec le plus d'effronterie; « ce ne sont que festons, ce ne sont qu'astragales; » soleils grotesques aux rayons pointus et aux figures de poupards, anges potelés faits comme des amours, urnes enflammées, consoles renversées, colonnes torses, frontons brisés, toutes sortes de choses insensées et difformes appartenant moins à la science décorative qu'à l'orthopédie. On a trouvé charmant d'y joindre la fantasmagorie : à Saint-Roch, et ailleurs, on a logé dans des coins sombres des vierges blanches éclairées par un rayon bleu, ce qui est assurément du dernier galant, mais du plus détestable caractère religieux. On a poussé l'irrévérence, nous allions dire l'idolâtrie, jusqu'à représenter l'auguste et intraduisible image du créateur sous des formes que l'Indien le plus sauvage n'accepterait pas pour son manitou. C'est, par exemple, un Dieu-le-Père en carton peint, farouche et barbu, émergeant d'un nuage de plâtre qui déborde sur les murs circonvoisins comme ferait la mousse d'un verre de champagne; ou bien, à travers un arsenal de rayons dorés, c'est le triangle symbolique de la Trinité au milieu duquel un œil ouvert et colorié darde sur le fidèle des regards de cyclope. Nous n'en finirions jamais si nous voulions nombrer les choquantes puérilités avec lesquelles les plagiaires de Michel-Ange ont cru embellir leurs misérables monuments; on en rirait volontiers si l'on n'en détournait la vue avec dégoût et si l'on ne déplorait la présence, dans le lieu saint, de pareilles caricatures.

Nous devons déclarer cependant que toutes les imprécations qui précèdent ne s'adressent à la Renaissance que pour le mal qu'elle a fait à l'art religieux. Nous admirons comme tout le monde le magnifique élan qui porta si haut à cette époque les lettres, les sciences, les arts plastiques et même l'architecture civile; Jean Cousin, Philibert Delorme, Pierre Lescot, Jean Goujon, le Primatice; Chambord, Gaillon, Anet, ont plus fait pour la mémoire de François Ier que toutes les inutiles victoires de son règne, et Henri II fut mieux avisé lorsqu'il décréta l'achèvement du vieux Louvre que les jours de Gravelines et de Saint-Quentin. Notre attachement au style ogival n'est pas exclusif; autant nous apprécions son caractère sacré, autant nous le repousserions s'il cherchait à pénétrer dans les édifices civils. A chacun son rôle, mais si l'art ogival a bien rempli le sien (et qui oserait le contester?), pourquoi le lui avoir retiré? ou pourquoi, le lui ayant indûment retiré, ne le lui avoir jamais rendu?

De la chute du style ogival à 1789, l'architecture religieuse ne quitta point l'ornière où l'avait versée la Renaissance; seulement à mesure qu'elle avança, elle ne fit que s'y embourber davantage. Après Saint-Pierre de Rome tout éclat s'éteignit; la vive clarté rayonnée par la lumineuse école de Léon X, s'évanouit avec elle. Les grands artistes sur qui en France s'appuya la Renaissance n'eurent pas la main heureuse quand ils se mêlèrent de toucher aux églises, ils en construisirent peu, fort heureusement, mais ils en gâtèrent beaucoup ; on peut prendre une idée de leur savoir-faire en regardant l'ignoble portail en cul de four, collé par Philibert Delorme sur la façade de Saint-Nizier à Lyon, l'un des plus ravissants péchés de vieillesse de l'art ogival; il est difficile de pousser aussi loin la laideur dans l'anachronisme. Nous dirions impossible si le portail de Saint-Eustache de Paris n'existait pas.

Sous Louis XIII, l'architecture tombe lourdement dans la platitude et dans l'ennui, elle se borne à copier les façades italiennes à trois ou quatre ordres superposés, surmontées de frontons courbes et de ces gigantesques consoles renversées qui font, dans une façade, l'effet d'une cheville dans un vers. Les intérieurs ne manquent jamais d'imiter Saint-Pierre de Rome, comme un pygmée peut imiter un géant. Constatons cependant l'introduction, dans la décoration des portails, des urnes enflammées et des obélisques coiffés d'une sphère. Des obélisques sur un portail d'église, cela n'est-il pas heureusement trouvé ?

La seconde moitié du dix-septième siècle marque une profonde modification, non dans l'esprit, mais dans la lettre de l'architecture religieuse ; c'est à cette époque que règne en maître le style, appelons cela style faute d'un autre mot, le style dit *jésuite*. Les églises firent alors un pas de plus vers la limite du mauvais goût, limite que devait dépasser le siècle suivant. Le style *Pompadour* pouvait seul excéder en ridicule le style *jésuite*.

Pendant la plus grande partie du dix-septième siècle, la congrégation inonda l'Italie, la France et la Belgique d'églises auxquelles elle laissa son nom et son cachet; toujours misérables pastiches de Saint-Pierre de Rome, où le sublime des masses ne se retrouvait pas pour sauver le mesquin et le maniéré des détails. C'est dans l'ornementation surtout que le style *jésuite* se distingua; c'est à lui qu'on doit les plus nombreuses, les plus ingénieuses dislocations de la coupole et du fronton; il imagina les pots-à-feu, les vases fleuris, les balustres ventrus, les panaches, les guirlandes et mille autres motifs de la même famille qu'on peut admirer dans toute leur pureté sur la façade de Saint-Paul-Saint-Louis à Paris. L'ordonnance et la décoration des façades se reproduisit dans les chapelles intérieures, ce qui eût été fort légitime si ces chapelles fussent restées chez elles; mais elles envahirent aussi les églises gothiques; ne pouvant détruire ces restes d'une époque barbare, on voulut du moins les approprier; tout ce qui ne tenait pas au gros œuvre y fut remanié et vêtu à la dernière mode. La Compagnie ne se piquait pas de plus de sévérité dans son architecture que dans sa morale; aussi fut-ce un plaisant contraste que celui de ces jolies petites chapelles, coquettes, avenantes, pétries de grâces et d'engageants sourires, assises aux angles sombres des vieilles et solennelles cathédrales du moyen âge.

Louis XV, il faut lui rendre cette justice, ne fit pas personnellement grand mal à l'architecture religieuse; il était trop occupé ailleurs; cependant le peu qui se construisit sous son règne suffit pour combler la mesure de l'indécent et de l'absurde. Les églises prirent des airs de mauvais lieux ; le genre *Pompadour* ou *rocaille* passa du boudoir au sanctuaire. Partout où le ciseau put trouver sa place, on sculpta des emblèmes galants et des Amours charnus. L'art en démence trébucha dans la boue, et l'on put voir la maison de Dieu construite dans le même style que la chambre à coucher de la Guimard ou de la Camargo.

La Révolution française trouva l'architecture dans cette fange (à peine Louis XVI avait-il eu le temps de l'en retirer), mais elle s'en préoccupa peu ; sa religion, à elle, était celle de Brutus; et d'ailleurs, elle avait autre chose à faire que de bâtir ; l'ouragan n'édifie pas. Les cérémonies païennes de Robespierre eurent lieu à Notre-Dame ; la déesse Raison étala ses charmes sous les voûtes où saint Louis avait pris la croix contre les infidèles. 93 fut l'ivresse de 89; jetons sur ces débauches le manteau du fils de Noë.

Est-il besoin de parler de l'architecture impériale? De même que les arts, les lettres, de même que la France et l'Europe entière, elle fut l'esclave soumise, non d'une idée comme la Renaissance, mais d'un homme. Cet homme qui d'un trait de plume ou d'un froncement de sourcil faisait ou détruisait les royaumes, cet homme était lui-même esclave d'une faiblesse. Il était beau, ses traits rappelaient les plus purs profils romains; il n'en fallut pas davantage pour qu'il voulût s'entourer de Rome païenne. L'architecture fut trop heureuse de faire sa cour; pour plaire au maître, elle retourna de dix-huit siècles en arrière. Il y eut une irruption de frontons et de colonnades, de sphinx et de lions, d'acanthes et de lotus, non-seulement dans les monuments, non-seulement dans les églises, je veux dire dans les temples, mais dans les habitations particulières, dans les meubles, dans les pendules, dans la vaisselle; le plus infime objet renfermait une flatterie pour le goût de César. La peinture, la sculpture, la musique, la littérature, toutes les muses enfin se mirent d'accord avec leur sœur; il n'est pas jusqu'à la forme des vêtements, jusqu'à la coupe des cheveux qui ne se rendissent les complices de cette innocente manie.

La Restauration essaya, mais sans énergie, peut-être par esprit de réaction, de rendre à l'architecture le caractère qu'elle avait la veille de 89. Elle voulut aussi pour elle effacer de l'histoire les vingt-cinq années qui venaient de s'écouler. Cette tentative fut si molle qu'à peine s'en aperçut-on.

Depuis 1830, il n'y a plus d'architecture.

Ou plutôt il y en a trop. Depuis trente-cinq ans, en effet (nous ne parlons ici que de l'architecture religieuse), on semble avoir seulement pour but d'émailler les villes, les capitales surtout, et Paris entre toutes les capitales, de monuments aussi dissemblables que possible les uns des autres; la diversité, voilà la règle. On admet l'ogival, non point parce qu'il est l'ogival, c'est-à-dire le style religieux dans son expression la plus parfaite, mais parce que, lui absent, il manquerait un sujet à la collection.

C'est un fâcheux système. Si l'on a suivi avec quelque attention le rapide exposé que nous venons de faire des variations subies par l'architecture religieuse, de son origine à ce jour, on a pu voir que toutes ont eu pour cause certaines influences ou certains actes politiques indépendants de leur valeur personnelle. La destruction de l'art ogival notamment est due à une complication immense de passions et d'événements aussi inattendus qu'inévitables ; ni le mérite de l'art déchu ni celui de l'art renaissant n'étaient en cause ; le premier s'est écroulé, le second s'est dressé sur les ruines du premier, uniquement parce que ce désastre et ce triomphe faisaient partie d'un ensemble de faits en voie de s'accomplir et qui les entraînait dans sa marche. L'art ogival a succombé sous l'action de la loi mystérieuse qui subordonne les harmonies partielles à l'harmonie générale.

Or aujourd'hui, relativement, les passions sont calmes, les événements inoffensifs ; la question de l'architecture a cessé d'être une question d'Etat ; elle est rentrée dans la région paisible et sereine qu'elle n'aurait jamais dû quitter. Nulle pression d'en haut ne s'exerce sur elle ; elle n'a d'autre maître que le goût de ceux entre les mains de qui elle est.

C'est à ceux-là que nous nous adressons, et nous leur disons ceci :

Il est temps de mettre de l'ordre dans les affaires de notre architecture. Puisque nous sommes impuissants à en créer une qui soit celle de notre siècle, copions donc celle des siècles passés ; mais copions sainement.

Aux édifices sacrés donnons les splendeurs de l'art ogival.

Aux édifices civils, la grâce, l'élégance, la noblesse de la Renaissance.

Dira-t-on qu'en vouant les monuments religieux exclusivement au style ogival, nous les consacrons à la monotonie? Mais, nous le demandons, y eut-il jamais une mine plus riche, plus variée, plus complaisante? Peut-on dire que parmi des milliers d'églises et de cathédrales gothiques, catholiques ou protestantes, qui peuplent l'Europe entière, il en soit seulement deux semblables? Les modèles n'en sont-ils pas d'une abondance inouïe? et, par la nature même de leur forme et de leur ornementation, ne peuvent-elles pas être variées à l'infini? Nous ne reviendrons point sur ce que nous avons dit plusieurs fois du caractère essentiellement chrétien des édifices gothiques. Nous le rappelons seulement ici pour mémoire.

Une objection : la dépense. Mais veuillez songer que si nous n'avons pas la patience, la sobriété, l'abnégation des ouvriers du moyen âge, nos connaissances mathématiques nous donnent la clef de leurs plus inaccessibles secrets de construction ; nous avons de plus qu'eux toutes les ressources de l'industrie moderne ; les combles en fer, les échafauds perfectionnés, les machines à extraire, scier, tailler, élever la pierre ; les chemins de fer pour le transport des matériaux : avec de tels moyens, le travail est singulièrement simplifié. Aujourd'hui la dynamique ne connaît plus d'obstacle; il l'a bien prouvé, cet ingénieur qui l'autre jour, réalisant le rêve d'Archimède, soulevait la cathédrale de Bayeux pour en refaire les fondements.

Ainsi donc le travail immense dépensé dans nos anciennes églises n'est pas un argument : ce serait nier le progrès que s'en armer. Le plus fort de l'ouvrage était dans les sculptures innombrables dont les *imaigiers* et les *folliagiers* surchargeaient les façades et les murs; mais cette décoration n'est nullement indispensable; bien au contraire, elle enlève souvent à l'édifice l'aspect sévère qu'il doit conserver. Si dans quelques monuments spéciaux, comme à Notre-Dame de Brou, on l'a poussée jusqu'à l'excès, c'est sûrement aux dépens de la majesté de l'ensemble ; il faut des sculptures, sans doute, mais avec mesure, et nous ne nous opposons nullement à ce qu'on en réduise le nombre ou qu'on en modifie la forme. Nous ne condamnons pas la statuaire gothique à rester ce qu'elle était au quinzième siècle.

On dira peut-être que les cathédrales du moyen âge doivent une partie de leur effet à la couleur vénérable que le temps leur a donnée. La blancheur dans les monuments est un défaut dont ils se corrigent à la longue, quand toutefois les ordonnances de police ne viennent pas y mettre ordre en les soumettant, dans l'intérêt de la propreté, au grattage décennal : cela s'est vu. Au reste, si nous ne pouvons jouir nous-mêmes de cet aspect que seul les siècles procurent, nos neveux en jouiront pour nous.

Nous le répétons encore, en ce qui concerne l'art religieux nous n'admettons que le gothique; cependant nous ne croyons pas qu'une église ogivale doive être nécessairement vieille, ridée et glaciale. Nous sommes convaincu même que les cathédrales gothiques sont, aussi bien que la plus mignonne chapelle, aptes à recevoir tout ce confortable dont on ne sait plus se passer aujourd'hui. On peut être très-ogival d'opinion, excellent chrétien et n'aimer ni le froid aux pieds ni les vents coulis. Nous acceptons donc très-volontiers les calorifères qui chauffent et les portes qui ferment, nous pensons, en un mot, que le style gothique s'accommoderait sans nulle résistance avec les mœurs et les besoins de notre époque.

Enfin nous sommes persuadé que l'ornementation accessoire, celle des portes, chaires, orgues, autels et autres se calquerait facilement sur l'ornementation générale sans que l'éclat des cérémonies en souffrît le moins du monde. Que l'on se reporte par la pensée aux jours où nos basiliques, maintenant écornées par le temps, déflorées par le badigeon, mutilées par les embellisseurs, étaient encore dans toute leur virginité; qu'on se les figure avec leurs colonilles polychromes, leurs peintures murales, leurs innombrables lampes votives, leurs riches tentures, leurs châsses d'or et de pierreries, tout ce mobilier étincelant que les guerres et le pillage ont dissipé, et qu'on dise si notre luxe moderne serait bien venu à faire le difficile.

Nous répétons donc une dernière fois que le style ogival a été injustement et maladroitement abandonné; qu'à tort on le prétend impossible aujourd'hui, et que tout architecte qui va chercher ailleurs des inspirations pour un édifice religieux se trompe manifestement de chemin. Depuis quelques années, il faut le dire, une réaction, faible encore mais pleine de promesses, commence à se dessiner en France. Le gothique, après tant d'humiliations et d'abaissement, reprend quelque faveur. Certains hommes de goût, les Lassus, les Abadie, les Viollet-le-Duc, se sont donné la mission de le replacer sur son piédestal. Ils ont joint le geste à la théorie ; sous leur impulsion Sainte-Clotilde s'est bâtie ; la tour Saint-Jacques a secoué les masures sordides qui l'enchâssaient, et s'est campée, en belle toilette, au milieu d'un jardin ; Notre-Dame, reprisée du haut en bas, a recouvré sa population de rois ; les cathédrales se restaurent, se complètent et, heureusement, ne s'embellissent plus. Puissent ces symptômes n'être point menteurs. Il est temps enfin de faire cesser le malentendu obstiné qui, depuis quatre cents ans, oppose à l'art ogival un déni de justice insensé. Nous tiendrons notre siècle pour bien avisé s'il vient à bout de mettre fin à cette interminable iniquité ; et si le grain de sable que nous aussi, ouvrier inconnu mais de bonne volonté, nous offrons pour notre part à ce grand travail de réhabilitation peut avancer d'un imperceptible instant l'heure de son achèvement, nous nous rappellerons avec reconnaissance que nous avons rapporté ce grain de sable d'un pèlerinage à Notre-Dame de Brou.

FIN

PARIS. — IMPRIMERIE INTERNATIONALE DE TOWNE,
9, rue des Fossés-Montmartre.

TABLE

www.ingramcontent.com/pod-product-compliance
Ingram Content Group UK Ltd.
Pitfield, Milton Keynes, MK11 3LW, UK
UKHW031841260826
14628UKWH00002B/508

9 782014 456905